El enemigo está atacando más agresivamente estos días porque sabe que su tiempo es corto. El nuevo libro de Marilyn Hickey, *Guerra Espiritual*, le dará las herramientas, el conocimiento y la experiencia práctica que usted necesitará en los últimos tiempos a fin de tener la victoria total sobre el enemigo de nuestras almas. Léalo, estúdielo y manténgalo a su lado.

—*Yonggi Cho*
Presidente de la Junta, Church Growth International

Este libro le enseñará cómo estar firme contra los ataques del maligno y llegar a ser más que vencedor por medio de Jesús que le amó. No tiene que vivir con la atadura de maldiciones generacionales porque el Señor Jesús puede hacerle libre. *Guerra Espiritual* puede ayudar a hacerle libre. Jesús quiere que usted viva una vida feliz, libre de espíritus demoníacos hostigadores. Oro para que multitudes lean este libro y sean libres.

—*Dodie Osteen*
Cofundador, Lakewood Church

Desde el principio del tiempo, el deseo de Satanás ha sido derrotarle a usted y a su familia. El libro de Marilyn Hickey, *Guerra Espiritual*, le prepara para esa batalla dándole la mejor arma disponible: la Palabra de Dios. Aprender de la sabiduría de Marilyn es un consejo sabio. Le aliento a que se prepare para la inevitable guerra leyendo este manual de entrenamiento y preparándose para obtener la victoria sobre su enemigo.

—*Tommy Barnett*
Pastor principal, Phoenix First Assembly of God

GUERRA
ESPIRITUAL

Proteja su hogar
de la
oscuridad espiritual

Marilyn HICKEY

WHITAKER
HOUSE

A menos que se indique lo contrario, todas las citas bíblicas han sido tomadas de la versión *Santa Biblia, Reina-Valera 1960* © 1960 Sociedades Bíblicas en América Latina; © renovado 1988 Sociedades Bíblicas Unidas. Las citas bíblicas marcadas (NVI) son tomadas de la *Santa Biblia, Nueva Versión Internacional*, NVI® © 1999 por la Sociedad Bíblica Internacional. Usadas con permiso. Todos los derechos reservados.

Algunas palabras hebreas y griegas están tomadas de *Strong's Exhaustive Concordance*.

Todas las definiciones de palabras están tomadas de *Merriam-Webster's 11th Collegiate Dictionary* CD-ROM © 2003.

Traducción al español realizada por:
Belmonte Traductores
Manuel de Falla, 2
28300 Aranjuez
Madrid, ESPAÑA
www.belmontetraductores.com

GUERRA ESPIRITUAL:
Proteja su hogar de la oscuridad espiritual

Publicado originalmente en inglés bajo el título:
Spiritual Warfare: Protect Your Home from Spiritual Darkness

Marilyn Hickey Ministries
P.O. Box 6598
Englewood, CO 80155
www.marilynandsarah.org

ISBN: 978-1-60374-273-3
Impreso en los Estados Unidos de América
© 2011 por Marilyn Hickey Ministries

Whitaker House
1030 Hunt Valley Circle
New Kensington, PA 15068
www.whitakerhouse.com

Para comentarios sobre este libro o para información acerca de otros libros publicados por Whitaker House, favor de escribir vía Internet a: publisher@whitakerhouse.com.

1 2 3 4 5 6 7 8 9 10   **LU**   17 16 15 14 13 12 11

ÍNDICE

Capítulo 1

HAGA SU HOGAR RESISTENTE A SATANÁS

No sería maravilloso saber que su hogar está totalmente seguro y no es vulnerable a ningún ataque de Satanás? *Sabemos* lo valiente que él puede ser; ¡bueno, él irrumpirá sin siquiera molestarse en llamar!

Algunas personas creen que los cristianos nunca tienen luchas, pero eso es una mentira. Satanás no sólo intenta destruir el reino de Dios o la iglesia; ¡también busca a familias cristianas! Si usted no ha tomado precauciones para guardar su hogar contra los elementos divisivos de Satanás, su familia no soportará la fuerza de sus tormentas; se desmoronará.

Millones de familias se están enfrentando al fracaso en todo el mundo. El fenómeno del "fracaso de la familia" afecta indiscriminadamente a una amplia variedad de hogares. Pasa por alto la raza, el estatus económico, las creencias religiosas y otras distinciones demográficas, y deja atrás un trágico reguero de vacío, amargura y desesperación.

Yo creo que Dios puede haber tenido familias en mente cuando dijo: "*Mi pueblo fue destruido, porque le faltó conocimiento*" (Oseas 4:6). Sin duda, muchas fortalezas demoníacas poderosas están contribuyendo a la destrucción de la familia; algunas han estado minando la unidad familiar por décadas. Pero Dios *no* dijo que seríamos destruidos por fortalezas demoníacas.

Satanás está atacando a las familias actuales porque hemos caído presa de una de sus maquinaciones más sutiles: nuestra propia falta de conocimiento. El apóstol Pablo escribió: *"Pues no ignoramos sus maquinaciones"* (2 Corintios 2:11).

Usted puede hacer su hogar resistente a Satanás para que la próxima vez que el diablo se acerque a sus seres queridos, ¡sepa usted cómo detenerlo en seco!

Poner el fundamento correcto

Desde luego, no puede usted estar firme de modo eficaz contra el diablo por causa de sus seres queridos hasta que no haya puesto el fundamento correcto: hacerse usted mismo resistente a Satanás. Debe practicar lo que predicará.

Cualquiera, pues, que me oye estas palabras, y las hace, le compararé a un hombre prudente, que edificó su casa sobre la roca. Descendió lluvia, y vinieron ríos, y soplaron vientos, y golpearon contra aquella casa; y no cayó, porque estaba fundada sobre la roca. Pero cualquiera que me oye estas palabras y no las hace, le compararé a un hombre insensato, que edificó su casa sobre la arena; y descendió lluvia, y vinieron ríos, y soplaron vientos, y dieron con ímpetu contra aquella casa; y cayó, y fue grande su ruina. (Mateo 7:24–27)

Su fundamento debe estar construido sobre una roca. La Biblia dice que Jesucristo es la Roca de nuestra salvación:

> Y todos bebieron la misma bebida espiritual; porque bebían de la roca espiritual que los seguía, y la roca era Cristo.
> (1 Corintios 10:4)

> El me clamará: Mi padre eres tú, mi Dios, y la roca de mi salvación.   (Salmos 89:26)

Recibo cientos de cartas cada semana de personas de todo el país. Muchas personas escriben para compartir las terribles consecuencias de haber puesto su confianza en algo o alguien aparte de Jesucristo.

Una valiente mujer compartió:

> Yo estaba enganchada al crack, y recorría las calles de Daytona Beach recogiendo latas de aluminio para pagar mi hábito. Vivía con maleantes, ladrones y prostitutas; y yo era todo eso. Soy una mujer con estudios que tiene un máster, y anteriormente tenía un trabajo en el que ganaba 50.000 dólares al año. Pero no conocía a Jesús; la cocaína fue mi elección.

La cocaína se había convertido en el dios de esa mujer, y casi la había destruido. Finalmente, ella nació de nuevo y había regresado a la casa de sus padres, y Dios había comenzado a alimentarla para que llegase a la salud espiritual. Ella había dado el primer paso para hacer su hogar resistente a Satanás haciéndose a ella misma resistente a Satanás, y se había convertido en una dinámica testigo para su familia. Desde que me escribió la primera carta, su hermano mayor había sido liberado de un destructivo estilo de vida de adicción a las drogas. Él ahora vive con ella, y juntos alaban al Señor.

Amigos, no hay duda alguna de que si ponen su esperanza en algo o alguien menor que Jesús, están construyendo su futuro sobre la arena, y finalmente caerán en la destrucción.

Levantar una estructura fuerte

Después de que su vida eterna haya sido establecida *sólidamente* en Cristo Jesús, el siguiente paso hacia hacer su hogar resistente a Satanás es estructurar su vida sobre piadosos principios contenidos en la Palabra de Dios.

En la revista de mi ministerio, *Outpouring*, describo un plan que le permite leer toda la Biblia en un año. Hemos recibido muchos testimonios de todo tipo de personas que han sido bendecidas por seguir ese plan y leer toda la Biblia cada año. Mi corazón fue tocado por una muchacha adolescente que escribió:

> Creo que es beneficioso para los adolescentes leer toda la Biblia. Cuando yo comencé, fue como si tuviera que obligarme a mí misma a leer cada día; pero una vez que lo hube establecido como una disciplina, se hizo más fácil. No espero una gran revelación cada día; tan sólo intento entender lo que realmente dice... y aferrarme a ello porque, a la larga, dará su recompensa.

La fe de esta creyente ha sido fundada en Jesucristo, y ahora ella se está haciendo resistente a

Satanás estudiando la Biblia. Cuando se vea confrontada por tentaciones o pruebas, su respuesta será estructurada porque estará basada en la Palabra de Dios.

Mire, es curioso que las dos casas de las que se habla en Mateo 7:24–27 estuvieron sujetas al mismo tipo de tormenta. Algunos de ustedes probablemente piensen que su vida había de volverse automáticamente inmune a los ataques del enemigo cuando nacieron de nuevo. Algunos de ustedes probablemente piensen que su nivel de espiritualidad determina si son atacados o no por el diablo. Pero sencillamente no es así.

Desde luego, ser un cristiano maduro ciertamente le dará una tremenda ventaja sobre el diablo; pero el sencillo hecho sigue siendo que sea usted un santo o un pecador, un nuevo cristiano o un creyente maduro, Satanás le lanzará sus dardos de fuego. ¿Por qué? Satanás odia a Dios, y también odia a las personas porque fuimos creados a imagen de Dios.

> *Y creó Dios al hombre a su imagen... Y los bendijo Dios, y les dijo: Fructificad y multiplicaos; llenad la tierra, y sojuzgadla.*
> (Génesis 1:27–28)

La palabra hebrea utilizada aquí para *sojuzgar* significa "pisar, conquistar, llevar cautivo". Es la voluntad de Dios que las personas fructifiquen y sojuzguen la tierra; pero antes, debemos renovar nuestra mente y ser conformados a la imagen de Cristo (véase Romanos 8:29; 12:2).

Es la voluntad de Dios que las personas fructifiquen y sojuzguen la tierra.

Lo principal que usted descubrirá a medida que estudie su Biblia es que Jesús es un *vencedor*. Y cuando usted estructura su vida sobre los principios piadosos que Él enseñó en las Escrituras, ¡también se convertirá en un vencedor!

En Cristo, los creyentes tienen el poder para pisar al diablo.

> *He aquí os doy potestad de **hollar** serpientes y escorpiones, y sobre toda fuerza del enemigo, y nada os dañará.*
> (Lucas 10:19, énfasis añadido)

En Cristo, los creyentes son más que vencedores.

> *Antes, en todas estas cosas somos **más que vencedores** por medio de aquel que nos amó.* (Romanos 8:37, énfasis añadido)

En Cristo, los creyentes tienen autoridad para atar y desatar.

> *De cierto os digo que todo lo que **atéis** en la tierra, será **atado** en el cielo; y todo lo que **desatéis** en la tierra, será **desatado** en el cielo.* (Mateo 18:18, énfasis añadido)

Cuando usted comience a caminar en plena consonancia con el propósito y el poder que Dios le ha dado, será capaz de hacer su hogar resistente a Satanás y evitar que el diablo engañe a sus seres queridos.

¡Debe usted aprender a dejar de escuchar las mentiras del diablo! Dios no quiere que su matrimonio termine prematuramente debido a la muerte de su cónyuge o a causa del divorcio. Dios no quiere que sus familiares estén atormentados en relaciones que son abusivas físicamente, mentalmente, emocionalmente o sexualmente. Dios no quiere que sus familiares caigan en pecado y queden enganchados a las drogas y el alcohol, al adulterio, la pornografía o simplemente a una "vida desenfrenada". Dios no quiere que sus finanzas sean tan problemáticas que su familia sufra descuido porque usted tiene que trabajar día y noche para llegar a fin de mes. No, ¡sin duda alguna, Él no lo quiere!

Dios le ha predestinado a usted, su hijo, para ser conformado a la imagen de Jesús (véase Romanos 8:29). Recuerde que Jesús es un vencedor, ¡y por medio de Él usted y su familia también pueden ser vencedores!

Aunque el enemigo intentará dividir y conquistar su casa, usted puede evitar que destruya sus vidas y hacer que su hogar sea resistente a Satanás defendiendo a su familia.

> **Recuerde que Jesús es un vencedor, ¡y por medio de Él usted y su familia también pueden ser vencedores!**

PONER LA PALABRA EN ACCIÓN

Observé algo sobre esas dos casas en Mateo. La primera casa había sido hecha resistente a Satanás; estaba arraigada por la fe en Jesús y estructurada sobre la Palabra de Dios.

Descendió lluvia, y vinieron ríos, y soplaron vientos, y golpearon contra aquella casa; y no cayó, porque estaba fundada sobre la roca. (Mateo 7:25)

La segunda casa, por otro lado, estaba construida sobre la arena, que puede representar algo o alguien aparte de Cristo y de la sana doctrina de la Biblia.

Pero cualquiera que me oye estas palabras y no las hace, le compararé a un hombre insensato, que edificó su casa sobre la arena; y descendió lluvia, y vinieron ríos, y soplaron vientos, y dieron con ímpetu contra aquella casa; y cayó, y fue grande su ruina. (versículos 26–27)

Ambas casas estuvieron sujetas a la misma tormenta; sin embargo, aunque la primera casa puede que se balanceara y se moviera debido a la ferocidad de los vientos y las lluvias, no cayó. Como contraste, la segunda casa no había sido hecha resistente a Satanás; se había construido sobre la arena; no pudo soportar la presión de la tormenta, y fue destruida.

Ya que Dios quiere que nuestras familias sean resistentes a Satanás, profundicemos para descubrir lo que se necesita para lograrlo. Sabemos sin duda alguna que nacer de nuevo es esencial y que leer la Biblia es necesario; pero conocer a Jesús como nuestro Salvador y ser conscientes de principios piadosos son sencillamente los primeros pasos hacia defendernos a nosotros mismos y a nuestros seres queridos contra las tácticas de Satanás.

Quienes se hacen resistentes a Satanás son creyentes que han tomado el control dejando que los principios piadosos se vuelvan vivos en sus circunstancias. Han salido de la zona de comodidad de meramente *oír* la Palabra de Dios y han pasado a la zona de batalla de *hacer* activamente lo que la Palabra de Dios nos enseña a hacer. Santiago 1:22 nos advierte: *"Pero sed hacedores de la palabra, y no tan solamente oidores, engañándoos a vosotros mismos"*.

> **Quienes se hacen resistentes a Satanás son creyentes que han tomado el control dejando que los principios piadosos se vuelvan vivos en sus circunstancias.**

La Biblia nos da mucho más que los pasos a la vida eterna; también proporciona instrucciones paso a paso para vivir en el mundo cada día. Cuando en realidad estudie su Biblia regularmente, será capaz de hacer su hogar resistente a Satanás a medida que comience a *poner en práctica* la Palabra de Dios que está en su interior. Algunas personas leen la Biblia una y otra vez pero no aplican sus principios divinos a sus vidas diarias. La Palabra ha funcionado para las personas desde los tiempos de la Biblia, ¡y la Palabra funcionará en su vida también!

A fin de estar firme sobre principios piadosos, un creyente primero necesita desarrollar una relación de confianza con Dios. De ese modo, cuando lleguen las tormentas de la vida, quien es resistente a Satanás puede decir: "Dios, confío en ti, y voy a estar firme en lo que dice tu Palabra. Sé que tú eres fiel, y que no me fallarás".

Este tipo de intimidad entre Dios y el hombre se desarrolla de una vida de oración coherente y comprometida. Quien es resistente a Satanás pasa tiempo regularmente en la presencia de Dios orando, adorando, alabando, ayunando, estudiando y meditando. Quien es resistente a Satanás conoce a Dios y confía en Él por completo.

Su relación con Dios, basada en el sólido fundamento de Jesucristo, es lo que siempre le mantendrá firme cuando esté batallando contra el enemigo por usted mismo y por su familia.

SER QUIEN ESTÁ EN LA BRECHA, NO QUIEN ENCUENTRA LA BRECHA

Hacer su hogar resistente a Satanás requiere que usted sea quien *está en la brecha*. Cuando pienso en estar en la brecha por mi familia, pienso en Abraham: él pasaba tiempo en la presencia de Dios, y Dios estableció con él una relación personal. Recibo mucho aliento cuando veo la relación que había entre Abraham y Dios; era muy íntima. La Biblia dice que Abraham *"fue llamado amigo de Dios"* (Santiago 2:23). La Escritura también indica que Dios *confiaba* en Abraham lo suficiente para revelarle sus planes con respecto al próximo juicio sobre las malvadas ciudades de Sodoma y Gomorra.

> *Y Jehová dijo: ¿Encubriré yo a Abraham lo que voy a hacer?... Por cuanto el clamor contra Sodoma y Gomorra se aumenta más y más, y el pecado de ellos se ha agravado en extremo, descenderé ahora, y veré si han consumado su obra según el clamor que ha venido hasta mí; y si no, lo sabré.*
>
> (Génesis 18:17, 20–21)

¡Aquellas personas eran insoportables! Estaban implicadas en todo tipo de cosas, como terribles pecados sexuales. Algunos de aquellos horribles hombres sodomitas incluso demandaron que el sobrino de Abraham, Lot, ¡les entregase a los dos ángeles a quienes Dios había enviado para confirmar sus malvadas actividades a fin de poder practicar sexo con ellos! Por tanto, Dios dijo: "¡Ya basta!". Y los destruyó.

Antes de eso, vemos que Dios realmente le habló a Abraham sobre sus planes de derramar juicio sobre Sodoma y Gomorra. ¿Cómo reaccionó Abraham? Sin duda alguna, él estaba preocupado, porque Lot y su familia vivían en Sodoma. Veamos; ¿fue Abraham corriendo a Sara para decirle lo que Dios iba a hacer? ¿Comenzó Abraham a quejarse con sus amigos diciendo: "Oh, ¿qué haremos? Algo horrible va a suceder; por favor, oren por mi familia"? ¿Se puso nervioso Abraham y comenzó a morderse las uñas o a tirarse del cabello?

¡No! Abraham comenzó a hablar con Dios por causa de Lot y su familia. Abraham comenzó a hacer a su familia resistente a Satanás por medio de la oración intercesora:

> [Abraham le dijo a Dios]: *Quizá haya cincuenta justos dentro de la ciudad: ¿destruirás también y no perdonarás al lugar por amor a los cincuenta justos que estén dentro de él?... Entonces respondió Jehová: Si hallare en Sodoma cincuenta justos dentro de la ciudad, perdonaré a todo este lugar por amor a ellos.* (Génesis 18:24, 26)

Abraham siguió negociando hasta que Dios estuvo de acuerdo en salvar a la ciudad incluso si había sólo diez personas justas viviendo en ella (véase versículos 27–32). ¿Se lo imagina? La gente de Sodoma y Gomorra era tan malvada que ni siquiera había diez personas buenas en toda la ciudad.

Yo creo que Abraham probablemente se detuvo en diez porque pensó que tenía que haber al menos diez personas buenas en Sodoma. Después de todo, eran seis en la familia de Lot: Lot, su esposa, y sus dos hijas y sus esposos. Abraham no tenía idea alguna de que los dos yernos de Lot rechazarían la oferta de Dios, o de que la esposa de Lot también le daría la espalda a Dios. Abraham estaba seguro de que Dios encontraría otras cuatro personas que no hubieran sido rebasadas por el terrible pecado que corría desbocado en aquella zona.

Me pregunto cómo respondería yo si Dios de repente dijera: "Marilyn, debido a la homosexualidad, la prostitución y el abuso de las drogas en Cualquier Lugar, voy a borrarlo de la faz de la tierra". ¿Cómo respondería usted? Algunos cristianos probablemente animarían a Dios y dirían: "¡Adelante, Dios! ¡Necesitamos fuera de aquí a algunos de esos pecadores!". Pero ¿y si sus familiares vivieran en esa ciudad? ¿Se sentiría usted del mismo modo?

A pesar de lo terrible que fuese el lugar, yo creo que Dios esperaría que fuésemos misericordiosos e intentásemos salvar la ciudad, aunque no fuera por otro motivo sino el de que nuestras familias estaban allí.

La mujer sabia edifica su casa; mas la necia con sus manos la derriba.
(Proverbios 14:1)

Yo creo que la oración es una manera en la cual la mujer sabia en Proverbios 14:1 se puso en la brecha e hizo su hogar resistente a Satanás. La mujer necia, por otro lado, derribó su casa con sus propias manos. Quizá, en lugar de orar, sencillamente señalaba con su dedo a los errores de los demás mientras su familia se desmoronaba bajo el peso de los ataques de Satanás.

Mire, si hiciéramos una encuesta y preguntásemos a los cristianos si se consideran quienes están en la brecha o quienes encuentran la brecha, estoy razonablemente segura de que la mayoría de ellos probablemente diría: "Estoy en la brecha". Sin embargo, las estadísticas sobre la destrucción de los matrimonios muestran que familias cristianas y no cristianas por igual están separándose con índices parecidos. Amigos, esta es una fría y dura verdad que tenemos que afrontar. La mayoría de cristianos se han permitido a ellos mismos ser necios señalando con su dedo en lugar de estar señalando a la oración. Y mientras hemos estado ocupados enfocándonos en la grandeza del pecado en lugar de en la grandeza de Dios, el diablo se ha estado escapando alegremente con todo lo que nos es más querido.

Pero quiero alentarle; ¡hay esperanza! No es demasiado tarde para que los cristianos cambien esta terrible tendencia y se mantengan firmes contra la destrucción que el diablo ha planeado para nuestras familias.

¡Dios está a favor de las familias! Él no quiere que su familia sea destruida por ninguna de las cosas horrendas que salen de la tortuosa mente del diablo. No, Dios quiere que usted sea un intercesor y

> **¡Dios está a favor de las familias! Él no quiere que su familia sea destruida por ninguna de las cosas horrendas que salen de la tortuosa mente del diablo.**

que haga a su familia resistente a Satanás con la oración eficaz y ferviente.

Mire, Dios es omnisciente (todo lo sabe). Dios sabía incluso antes de compartir con Abraham sus planes que él se pondría en la brecha por Lot. A Abraham no le importaba que Lot fuese un perdedor; oraba por él de todos modos. Por eso Dios le permite también a usted que sepa algunas cosas "no tan bonitas" sobre su familia. Él no quiere que usted señale con su dedo y condene; en cambio, Dios quiere que usted ore y detenga lo que el diablo intenta hacerles a sus seres queridos.

Nos corresponde a nosotros orar por nuestras familias, mantenerlas delante de Dios. ¿Quién lo hará si nosotros no lo hacemos? Usted dice: "Bien, creo que la iglesia debería hacerlo". Pero Dios quiere que *usted* se ponga en la brecha por su propia familia.

Me encanta el modo en que Dios obra cuando tiene a personas que se ponen en la brecha y están dispuestas a hacer a sus seres queridos resistentes a Satanás. Abraham podría haber escogido ser quien encuentra una brecha y haber dicho: "Yo no quería que Lot se fuese a vivir allí, pero él insistió. Y Lot no se quedó en las llanuras, donde había establecido su tienda; se fue *a vivir* a Sodoma. Fue allí donde sus hijas fueron a la escuela y él y su esposa tenían una vida social activa. Y Lot incluso se sienta a las puertas de la ciudad con los otros líderes civiles. Mira, Dios, Lot puede ser mi familia, pero él realmente no es tan rápido. Por tanto, adelante y aniquila Sodoma. Lo entenderé".

Desde luego, sabemos que Abraham no dijo nada de eso; por el contrario, se puso en la brecha por Lot con oración. Abraham no pensó que Dios fuera a destruir Sodoma y Gomorra, así que imagine cómo descendió su fe cuando se levantó la mañana siguiente y *"miró hacia Sodoma y Gomorra, y hacia toda la tierra de aquella llanura miró; y he aquí que el humo subía de la tierra como el humo de un horno"* (Génesis 19:28).

Cuando Abraham vio todo aquel humo que se elevaba, estoy segura de que probablemente pensó: *Oh, amado Dios, ¿y Lot? ¿No pudiste encontrar ni siquiera diez?* Entonces, tristemente, Abraham se desalentó debido a que la manifestación externa de la respuesta de Dios a su oración no fue como él había esperado que fuese.

Es fácil desalentarse cuando oramos y oramos por nuestras familias. Mi esposo y yo hemos estado orando por nuestros parientes durante años. Algunos de ellos han llegado a ser salvos, y otros han ido de mal en peor. Pero vamos a seguir orando porque la Palabra de Dios ha sido formada en nuestro interior, y nos estamos aferrando a las promesas de Él.

Abraham soltó las promesas de Dios y lo estropeó totalmente.

De allí partió Abraham a la tierra del Neguev, y acampó entre Cades y Shur, y habitó como forastero en Gerar. Y dijo Abraham de Sara su mujer: Es mi hermana. Y Abimelec

> *rey de Gerar envió y tomó a Sara. Pero Dios vino a Abimelec en sueños de noche, y le dijo: He aquí, muerto eres, a causa de la mujer que has tomado, la cual es casada con marido.*   (Génesis 20:1–3)

Abraham tenía miedo de que Lot hubiera muerto. Ahora bien, estoy segura de que muchos de ustedes también han estado fastidiados cuando las cosas no han resultado ser como pensaban que deberían haber sido. A mí ciertamente me ha pasado y, como Abraham, he intentado retirarme del plan de Dios para mi vida.

Abraham se había apartado de la voluntad de Dios y tuvo temor. Terminó diciendo a Sara que mintiera sobre ser su esposa, y casi hizo que matasen a Abimelec. Las cosas realmente se estropearon bastante durante un tiempo hasta que Dios corrigió la situación y puso a Abraham otra vez en el camino correcto. Pero si Abraham no hubiera juzgado la fidelidad de Dios según sus propios planes, nunca se habría desalentado ni habría tomado aquel necio desvío a Gerar.

Cuando estamos haciendo nuestros hogares resistentes a Satanás, es importante que no nos desalentemos y nos rindamos sólo porque las cosas no estén progresando del modo en que pensamos que debieran hacerlo. Tenemos que aferrarnos a la Palabra y creer que Dios obrará su voluntad en cualquier situación que nuestros seres queridos estén afrontando.

Y no olvidemos a la mujer sabia en Proverbios 14:1 que construyó en lugar de derribar: *"La mujer sabia edifica su casa; la necia, con sus manos la destruye"* (nvi). Si tiene en mente que su enemigo es el diablo y no otras personas, nunca derribará a su familia; más bien, siempre identificará a Satanás y le derribará a él.

Hace años, antes de que nacieran mis hijos, mi esposo, Wally, tuvo una grave depresión. Se volvió melancólico y a veces no me hablaba durante dos o tres días, y yo odiaba eso. Intentaba hablar con él, pero él me decía: "Soy un fracaso. Por favor, no me hables; no me molestes".

Yo sinceramente no sabía qué hacer, pero oí la Palabra de Dios, que se había formado en mi interior, y ella promete que el Espíritu Santo orará por cosas que están por encima de nuestro entendimiento. Así que pensé: *Voy a dejar de quejarme y enojarme con Wally. Tengo la Palabra en mi interior, y voy a actuar tal como obra la Palabra estando firme en ella.*

Por tanto, durante una hora oraba en lenguas, y Dios me mostró qué hacer. Me senté y comencé a leer las Escrituras con Wally, recordándole que no era posible que él fuera un fracaso porque la Biblia dice que los creyentes siempre triunfarán en Cristo (véase 2 Corintios 2:14).

Al principio, Wally tan sólo quería que le dejase en paz, pero yo continué desafiándolo e insistiendo en que él respondiera. Finalmente, él comenzó a reír, y la depresión se derrumbó. Eso sucedió hace más de tres décadas, y Wally no ha vuelto a estar gravemente deprimido desde entonces.

Yo me puse en la brecha e hice mi hogar resistente a Satanás *poniendo en práctica* la Palabra de

Dios en mi interior. Pronuncié la Palabra, y el diablo tuvo que dejar de atacar a mi esposo con depresión.

Pronunciar la Palabra de Dios

La Biblia dice que la Palabra de Dios es una espada.

> *Y tomad el yelmo de la salvación, y la espada del Espíritu, que es la palabra de Dios.*
> (Efesios 6:17)

> *Porque la palabra de Dios es viva y eficaz, y más cortante que toda espada de dos filos; y penetra hasta partir el alma y el espíritu, las coyunturas y los tuétanos, y discierne los pensamientos y las intenciones del corazón.* (Hebreos 4:12)

Alguien me habló una vez sobre un hombre lleno del Espíritu al que llamaré Tom. Él había estado orando por su hermana, que estaba enganchada a las drogas e involucrada en todo tipo de inmoralidad. Ella vivía una vida muy pecadora. Un fin de semana, mientras su madre estaba fuera, la hermana salió y no regresó a la casa hasta las 6:30 de la mañana del día siguiente. Iba acompañada de un tipo de aspecto atlético, y fueron al dormitorio de su madre.

Tom estaba demasiado abrumado cuando preguntó a Dios qué hacer, y Dios le dijo: "¡Echa al tipo!". Tom fue al dormitorio de su madre, le dijo a su hermana que se vistiese y le preguntó a su novio: "¿Cómo te sentirías si tu hermana llevase a tu casa a un tipo para acostarse con él en la cama de tu madre? ¿Te gustaría?". El novio respondió: "No". Tom le dijo que se vistiera y que se fuera, y el hombre hizo exactamente eso. Su hermana estaba totalmente furiosa.

Cuando Tom se fue de su casa para regresar a la escuela, comenzó a hacer a su hermana resistente a Satanás: se puso en la brecha y habló en nombre de su hermana diciendo: "Satanás, no puedes tener una parte de mi hermana. Adulterio, no puedes tener una parte de mi hermana. Drogas, no pueden tener una parte de mi hermana". Tom continuó haciendo eso exactamente por tres meses. Entonces, un día, su hermana apareció en su puerta diciendo: "Quiero ser salva". La Palabra de Dios había atravesado toda la basura que había en su vida, ¡y la había cambiado por completo!

La Palabra de Dios discierne los pensamientos y las intenciones del corazón. Por tanto, cuando oramos la Palabra de Dios utilizándola sobre espíritus y situaciones, comienza a atravesar pensamientos y actitudes a fin de producir un cambio.

> **Cuando oramos la Palabra de Dios utilizándola sobre espíritus y situaciones, comienza a atravesar pensamientos y actitudes a fin de producir un cambio.**

En lugar de quejarnos y permitir que ninguna "*palabra corrompida*" (Efesios 4:29) salga de nuestra boca sobre lo mal que les va a otras personas, literalmente necesitamos hablar a sus espíritus por nombre. Necesitamos decir, por ejemplo: "Susi (o quien sea), no vas a beber alcohol o a consumir drogas". Entonces, haga a la persona resistente a Satanás hablando directamente al enemigo, diciendo: "Diablo, no vas a poner alcoholismo ni adicción a las drogas en Susi (o quien sea)".

Yo creo que cuando comencemos a hablar y continuemos hablando con persistencia a los espíritus implicados, abriremos por la mitad algunas cosas. ¿Por qué? Porque nuestro fundamento está en Jesús, la Palabra viva.

> *Y ellos le han vencido por medio de la sangre del Cordero y de la palabra del testimonio de ellos.*   (Apocalipsis 12:11)

Podemos hacer a nuestros seres queridos resistentes a Satanás apartando parte de la basura que hay en sus vidas, ¡para que puedan oír al Espíritu Santo y salir airosos!

Por tanto, como ve, hacer resistente a Satanás es algo más que tan sólo conocer a Jesús y ser consciente de lo que dice la Palabra de Dios. Quien hace resistente a Satanás literalmente toma la Palabra y despedaza con ella la cabeza del diablo.

¿Por qué no comienza *en este momento* a ser sabio como la mujer en Proverbios 14:1 y a edificar a sus seres queridos mediante la oración intercesora?

Mujeres, creo que pueden hacer a sus esposos resistentes a Satanás, por ejemplo, declarando la Palabra sobre su ropa mientras están planchando o poniendo sábanas limpias en su cama. Prueben a orar: "Gracias, Padre, porque ningún arma forjada contra mi esposo prosperará, y todo lo que se levante contra él caerá". Creo que algo poderoso sucede en el hogar cuando una mujer ora de ese modo. Puede usted evitar que se produzcan delitos violentos en su casa, ¡y puede poner la pelea a la fuga!

Hombres, pueden hacer a sus esposas resistentes a Satanás hablando a sus espíritus, por ejemplo: "María [o quien sea], nunca serás un fastidio. Siempre serás dulce porque tienes la paz de Dios, que sobrepasa todo entendimiento".

Padres, pueden pronunciar la Palabra de Dios con respecto a la obediencia a los espíritus de sus hijos diciéndoles que ellos nunca serán rebeldes y afirmando lo inteligentes que son en la escuela porque tienen la mente de Cristo. Entonces, hable con autoridad al diablo. Dígale a Satanás que él nunca tendrá a su familia porque usted está en la brecha por ellos, en el nombre de Jesús.

Finalmente, no puedo enfatizar demasiado la importancia de orar en el Espíritu Santo. La Biblia dice: *"Pero vosotros, amados, edificándoos sobre vuestra santísima fe, orando en el Espíritu Santo, conservaos en el amor de Dios, esperando la misericordia de nuestro Señor Jesucristo para vida eterna"* (Judas 20–21).

Ahora permita que le pregunte: ¿qué cree que sucedería si comenzara usted a caminar por su casa o su lugar de trabajo orando en el Espíritu? No tiene por qué armar mucho ruido; puede orar en el Espíritu en su

> **Orar en el Espíritu le mantendrá en el amor de Dios, y creo que orar en el Espíritu también le mantendrá en amor con los demás.**

interior, en silencio, y nadie sabrá lo que usted hace excepto Dios.

Orar en el Espíritu le mantendrá en el amor de Dios, y creo que orar en el Espíritu también le mantendrá en amor con los demás; por tanto, cuando su cónyuge, sus hijos o sus padres se desvíen, usted debería orar amorosamente por ellos y hacerlos resistentes a Satanás. El Espíritu Santo le mantendrá en el amor perfecto de Dios, y usted estará actuando de manera que llevará la misericordia de Dios a cualquier situación que Satanás pueda intentar llevar contra su hogar.

Capítulo 2

PREPÁRESE PARA LA BATALLA

Vamos a ver algunos pasos prácticos para hacer a nuestras familias resistentes a Satanás, y voy a hacer mucho hincapié en el poder del Espíritu Santo. Cuando usted se convierta en alguien que genuinamente hace resistente a Satanás, necesitará el poder de Dios, porque lo que en realidad está haciendo es declarando la guerra a Satanás. Está diciendo un enfático *no* a los planes destructivos que él ha tramado para llevar división y lucha a su familia. A fin de tener éxito para detener al diablo, es imperativo que usted se mueva en el poder del Espíritu Santo.

Si hay algún lugar donde necesitemos ser guiados por el Espíritu Santo, es en la intimidad de nuestros propios hogares. Realmente hay mucho estrés en la mayoría de las situaciones en el hogar. Puede que haya escuchado el dicho: "El jefe arremete contra usted, usted va a su casa y arremete contra su cónyuge, su cónyuge arremete contra los niños, ¡y los niños arremeten contra el pobre perro!". Aunque eso pueda sonar humorístico, es básicamente lo que sucede en muchas unidades familiares; y la realidad no es humorística.

Probablemente no tengamos intención de hacer daño a nuestros familiares; sin embargo, como seres humanos pecadores que somos, con frecuencia tendemos a arremeter contra quienes están más cerca de nosotros y hacerles daño. No obstante, cuando su jefe le irrite, si su familia ha sido hecha resistente a Satanás por la presencia del Espíritu Santo, entonces no llegará usted a su casa después del trabajo y arremeterá contra su cónyuge, sus hijos o su perro. El Espíritu Santo le ayudará a solucionar su frustración emocional antes de que usted cause problemas para su familia.

Muchas esposas probablemente digan: "Marilyn, usted no conoce a mi esposo; ¡es tan rastrero como una serpiente!". Muchas de ustedes, esposas, se han vuelto tan críticas con sus esposos que tan sólo molestan, molestan, molestan a los pobres hombres, aunque ellos estén intentando agradarles con todas sus fuerzas. Hay otras de ustedes cuyos hijos acaban de ponerles los nervios de punta. Entonces ¿qué hacen ustedes? Oran en el Espíritu Santo (sin dejar que nadie les oiga), y Dios les ayudará a responder a su familia con amor, incluso cuando ellos no estén siendo amorosos con ustedes.

> **Su vida familiar será mucho menos estresante si hace su relación con sus hijos resistente a Satanás permitiendo que el Espíritu Santo le guíe en la crianza de los hijos.**

Con frecuencia hay mucha tensión entre padres e hijos. Sin embargo, descubrirá que su vida familiar será mucho menos estresante si hace su relación con sus hijos resistente a Satanás permitiendo que el Espíritu Santo le guíe en la crianza de los hijos.

Dirija a sus hijos a que sirvan a Dios

Una de las primeras cosas que el Espíritu Santo le guiará a hacer con respecto a sus hijos es criarlos para que sirvan a Dios. ¿Recuerda lo que Dios dijo sobre Abraham? Él dijo: *"Porque yo sé que mandará a sus hijos y a su casa después de sí"* (Génesis 18:19).

Dios estaba diciendo que Abraham criaría a sus hijos para que sirvieran al Señor. Dios debió de haber tenido mucha confianza en Abraham, porque dijo esas palabras mucho antes de que naciera Isaac, el hijo de la promesa de Abraham y Sara. ¡Eso fue un gran elogio! ¿Y la casa de usted? ¿Qué diría Dios sobre sus técnicas de educación de los hijos? ¿Podría Él decir que usted está criando a sus hijos para que le sirvan a Él?

Quizá usted educara a sus hijos según la Palabra de Dios, pero ellos se fueron por el camino del mundo y cayeron en un estilo de vida destructivo. Entiendo cómo se siente usted. Mi hijo se metió en las drogas cuando era adolescente; pero yo sabía que le había criado para que sirviera al Señor, y me negué a medir la verdad de la Palabra de Dios según el estilo de vida de mi hijo. Yo sabía que la vida de mi hijo Michael iba a ponerse en consonancia con lo que Dios decía de él. La Biblia lo decía, y yo lo creí con todo mi corazón. En la actualidad me agrada decir que Michael es un hombre maduro y ha estado libre de drogas y alcohol durante mucho tiempo. Se ha reconciliado con nuestra familia y es una gran bendición para nosotros.

Los padres han de plantar la semilla de la Palabra de Dios en los corazones de sus hijos. Debemos enseñarles la Biblia y mantenerlos expuestos a un estilo de vida piadoso estableciendo un buen ejemplo. Pero por lo que respecta a servir al Señor, eso sucede sólo cuando sus corazones han sido cambiados: una obra del Espíritu Santo.

Después de expresar su confianza en que Abraham guiaría a sus hijos para que le sirvieran a Él, Dios prometió cumplir sus promesas a Abraham:

> *Porque yo sé que mandará a sus hijos y a su casa después de sí, que guarden el camino de Jehová, haciendo justicia y juicio, para que haga venir Jehová sobre Abraham lo que ha hablado acerca de él.*
>
> (Génesis 18:19)

El Espíritu Santo atrajo a Isaac a Dios, y el Espíritu Santo atraerá a su hijo también. Como dice la Biblia: *"Instruye al niño en su camino, y aun cuando fuere viejo no se apartará de él"* (Proverbios 22:6).

Una vez, recibimos una conmovedora carta de un prisionero que había leído mi libro *A Cry for Miracles*. Decía que era un veterano de la guerra de Vietnam y había estado experimentando un terrible conflicto interior porque había matado a personas durante la guerra. Cuando era pequeño le habían enseñado en la escuela dominical que matar estaba mal. Después de la guerra, su esposa y su hija se habían ahogado trágicamente en un accidente de barca. Él decía que no había sido capaz de soportarlo más, y sencillamente "lo perdió". Se volvió adicto a las drogas, había rellenado recetas falsas para obtener codeína, y finalmente había terminado en la cárcel. "Pensaba que no había esperanza alguna para mí —escribió—. Había estado desesperado hasta que leí ese libro. Desde la oscuridad en la que estaba, comencé a ver un poco de luz".

Su carta estaba llena de esperanza, y decía que quería ir a la capilla de la cárcel para pedir oración. Cuando yo leí su carta, pensé: *¡Guau! Alguien en su lejano trasfondo luterano le enseñó la Palabra y probablemente oró por él.* Alguien había hecho a ese hombre resistente a Satanás cuando era un niño, y aunque se había desviado y había atravesado muchas experiencias terribles, aquella preciosa semilla había echado raíz y ahora comenzaba a brotar.

Amigos, tenemos que criar a nuestros hijos según la Palabra de Dios, Y, por la fe, debemos *saber* que Dios manifestará su voluntad en sus vidas, a pesar de cómo puedan verse las circunstancias externas.

Los cristianos comenzamos a hacer a nuestros hijos resistentes a Satanás cuando los dedicamos en la iglesia y los llevamos a la escuela dominical. Cuando hacemos eso, yo creo que la mano sobrenatural de Dios está sobre nuestros hijos. Y entonces Dios envía ángeles para

> **Dios envía ángeles para estar delante y detrás de nuestros hijos no sólo para protegerlos sino también para hacer que sus vidas estén en consonancia con su Palabra.**

estar delante y detrás de nuestros hijos no sólo para protegerlos sino también para hacer que sus vidas estén en consonancia con su Palabra.

¿Y si todo no resulta del modo en que pensamos que debería en las vidas de nuestros hijos? Llegará un momento en que el todopoderoso Espíritu Santo de Dios atraerá a nuestros hijos a Dios mediante Jesucristo. Yo he visto suceder eso una y otra vez.

Quiero que observe que Dios no dijo que Abraham dio a su casa la *opción* de servir o no a Dios. No podemos decir a nuestros hijos: "Bien, cariño, si te gusta la Biblia, entonces puedes leerla. Pero si no te gusta, entonces no tienes que leerla, porque quiero que crezcas con la libertad de escoger". ¡No! Dios dijo que Abraham *mandaría* a su familia servir al Señor. La palabra *mandar* significa "dirigir con autoridad; ordenar; ejercer una influencia dominante sobre; tener mandato de". Tenemos que dirigir y ordenar a nuestros hijos que guarden los caminos del Señor si queremos que las bendiciones de Dios les sigan.

Dios le dijo a Isaac, el hijo de Abraham: "*Confirmaré el juramento que hice a Abraham tu padre*" (Génesis 26:3). Jacob, el nieto de Abraham, finalmente sirvió a Dios y se situó bajo las mismas promesas del pacto: "*La tierra que he dado a Abraham y a Isaac, la daré a ti, y a tu descendencia después de ti daré la tierra*" (Génesis 35:12).

Los padres sabios educan a sus hijos para poner sus vidas en consonancia con la Palabra de Dios. Cuando les hablamos la Palabra de Dios, podemos estar seguros de que la Palabra de Dios no regresará vacía sino que logrará los propósitos que Dios tiene para ella (véase Isaías 55:11). Aunque puede que sus hijos se aparten de la voluntad de Dios y se desvíen hacia un estilo de vida de pecado, Dios cultivará la piadosa semilla que usted ha plantado en sus vidas. El Espíritu Santo irá atrayéndolos hasta que ellos dirijan sus vidas otra vez hacia Dios.

Dé enseñanza espiritual

Si quiere que sus hijos sean influenciados por el Espíritu Santo, es necesario que primero establezca usted un ejemplo personal.

Mire a Josué. Condujo a los hijos de Israel hasta Canaán, y ellos tomaron la Tierra Prometida en seis años y medio. Josué era un puntal para ellos, y sin duda estaba lleno del Espíritu Santo, tal como afirma Números 27:18: *"Y Jehová dijo a Moisés: Toma a Josué hijo de Nun, varón en el cual hay espíritu, y pondrás tu mano sobre él"*.

Yo sé que los hijos de Josué fueron influenciados por su caminar espiritual con Dios porque, al final de su vida, dejó las siguientes palabras:

Y si mal os parece servir a Jehová, escogeos hoy a quién sirváis; si a los dioses a quienes sirvieron vuestros padres, cuando estuvieron al otro lado del río, o a los dioses de los amorreos en cuya tierra habitáis; pero yo y mi casa serviremos a Jehová.
(Josué 24:15)

Josué estaba decidido a ponerse en la brecha por su familia prometiendo que ellos continuarían sirviendo a Dios cuando él muriese. Él había hecho a su familia resistente a Satanás mandándoles según la Palabra de Dios, y los había conducido tal como él había sido conducido por el Espíritu Santo.

¿Sabía que el Espíritu Santo le enseñará sobre cómo debería disciplinar usted a sus hijos? Conocí a una mujer en Chicago —ella había ido a recogerme al aeropuerto cuando llegué para uno de mis Encuentros Bíblicos— que me dijo mientras conducía que ella era madre soltera. Cuando su hijo había llegado a la adolescencia, se había vuelto desenfrenado y rebelde. La mujer había sido cristiana sólo durante un par de años, y pensó: *Oh Dios, ¿qué voy a hacer con este muchacho? No tengo un esposo para que realmente se corrija, y él está pasando estos años difíciles. ¿Qué haré?*

El Espíritu Santo le había dicho: "Cada vez que él desobedezca o se ponga rebelde, hazle escribir todas las Escrituras sobre desobediencia y todas las Escrituras sobre obediencia". Por tanto, ella había tomado su Biblia y había mostrado a su hijo donde podían encontrarse todas esas Escrituras, y después le había dicho que las escribiese todas ellas *a mano*.

Cada vez que su hijo era desobediente o rebelde, ella le hacía escribir todas esas Escrituras. Él pasó horas y horas escribiendo páginas y páginas, ¿y sabe usted qué? ¡Escribir todos esos versículos de la Escritura le curó por completo! Después de un tiempo, dejó de ser rebelde y realmente se volvió a la Palabra de Dios. ¡Comenzó a servir al Señor e incluso asistió a la escuela bíblica!

Al obedecer las instrucciones concretas que el Espíritu Santo le dio, aquella mujer hizo a su hijo resistente a Satanás y le protegió de los horribles intentos del diablo de enterrarle en un estilo de vida de rebelión y desobediencia.

La Biblia incluye instrucciones concretas de Dios sobre la crianza de los hijos a una pareja que vivía en Zora en el capítulo 13 de Jueces. Manoa y su esposa no tenían hijos porque ella era estéril. Un día, mientras la esposa de Manoa estaba en el campo, se le apareció un ángel y dijo: "Vas a tener un bebé". Desde luego, ella se emocionó y corrió para contarle a su esposo lo que le había dicho el ángel. Manoa escuchó a su esposa, pero quería oír el mensaje directamente de boca del ángel. *"Entonces oró Manoa a Jehová, y dijo: Ah, Señor mío, yo te ruego que aquel varón de Dios que enviaste, vuelva ahora a venir a nosotros, y nos enseñe lo que hayamos de hacer con el niño que ha de nacer"* (Jueces 13:8).

El ángel les dijo que el niño tenía que ser criado como nazareo, lo cual significaba que nunca tenía que tocar nada muerto, beber vino ni cortarse el cabello. El ángel también repitió sus primeras instrucciones a la esposa de Manoa: mientras que estuviera embarazada, no debía comer nada proveniente de la vid, incluyendo vino y bebidas fuertes, ni tampoco podía comer ninguna cosa impura (véase versículo 14).

Ese niño, desde luego, fue Sansón, y la Biblia dice que el Espíritu del Señor *"comenzó a manifestarse en él en los campamentos de Dan, entre Zora y Estaol"* (Jueces 13:25). Sansón tenía una unción inusual sobre él, y aunque sin duda tomó algunos desvíos, finalmente logró el propósito de Dios para su vida y destruyó a muchos de los enemigos de Israel (véase Jueces 16:30). Pero antes de que el Espíritu del Señor llegara sobre Sansón, Dios ya había hecho una obra en los corazones de sus padres.

Lo mismo sucedió con Josué. Recuerde que él dijo: *"Pero yo y mi casa serviremos a Jehová"* (Josué 24:15). ¿Dónde comenzó Dios a trabajar primero? En el corazón de Josué. Es importante para nosotros, padres y madres, entender que Dios quiere comenzar obrando primero en nuestros corazones, y después obrará en los corazones de nuestros hijos.

Quiero alentarles porque algunos de ustedes puede que se estén sintiendo como un fracaso como padres. Yo sé cómo se sienten porque me he sentido de la misma manera; la mayoría de nosotros, en un momento u otro, probablemente nos hayamos sentido de ese modo. Hemos pensado: *Dios, no soy bueno como padre. No estoy seguro de que debieras haberme dado ningún hijo. No sé por dónde ir.*

> **A Dios no le importa cuando usted llega al punto en que no sabe qué hacer a continuación. Normalmente, es entonces cuando comienza a mirar hacia Él y a pedir dirección.**

A Dios no le importa cuando usted llega al punto en que no sabe qué hacer a continuación. Normalmente, es entonces cuando comienza a mirar hacia Él y a pedir dirección. Probablemente sería mucho más fácil para todos si usted formara el hábito de buscar la enseñanza de Él en cada fase de la crianza de los hijos. Podemos estar seguros de que, al igual que Dios respondió la oración de Manoa pidiendo dirección para criar a Sansón, Él también le responderá cuando usted busque su dirección para sus hijos.

Como dije anteriormente, este capítulo tiene un fuerte énfasis en la operación del Espíritu Santo en nuestros hogares. Algunos de ustedes puede que se pregunten: *¿Quién es el Espíritu Santo, dónde está el Espíritu Santo, y cómo puedo ser yo instruido por el Espíritu Santo?*

¿No sabéis que sois templo de Dios, y que el Espíritu de Dios mora en vosotros?
(1 Corintios 3:16)

El Espíritu Santo es el tercer miembro de la Trinidad, junto con el Padre y el Hijo. El Espíritu Santo es Dios, y si usted es un creyente nacido de nuevo, el Espíritu Santo vive dentro de su espíritu.

Hay muchos nombres en la Biblia que describen diferentes atributos de Dios. Uno de ellos es *El Shaddai*, que significa "el Dios que es más que suficiente". Job realmente obtuvo una revelación de El Shaddai cuando perdió su familia, su salud y su riqueza, y entonces el Dios que es más que suficiente le devolvió todo por duplicado (véase Job 42:12). Abraham y Sara tuvieron un encuentro con *El Shaddai* cuando el Dios que es más que suficiente abrió el vientre estéril de Sara y ella concibió un hijo, Isaac, a pesar de que ella y su esposo habían sobrepasado con mucho la edad de tener hijos (véase Génesis 21:1–2).

El Espíritu Santo es el Espíritu del Dios que es más que suficiente, y Él se ha puesto a sí mismo a disposición de usted. Cuando usted no tenga las respuestas para

> **El Espíritu Santo es el Espíritu del Dios que es más que suficiente, y Él se ha puesto a sí mismo a disposición de usted.**

las muchas, muchas circunstancias que surjan contra su familia, sólo recuerde que el Espíritu del Dios vivo está esperando con instrucciones de seguridad para dirigirle en cualquier situación que usted esté afrontando.

¿Cómo le instruye Él? A veces, Dios le dará visiones. Yo no he tenido muchas visiones —probablemente haya unas tres que puedo recordar—, pero las que he tenido fueron maravillosas. La mayoría de las instrucciones que he recibido del Espíritu Santo han llegado como impresiones desde lo profundo de mi espíritu. Pero a veces, el Espíritu Santo le enseñará con un versículo, y su respuesta se hará más clara a medida que usted medite en la Palabra de Dios.

Hay muchos versículos que exhortan a los creyentes a permitir que el Espíritu Santo les instruya. Usted podría pensar: *Bien, yo no soy muy espiritual. No he leído la Biblia entera; no oro en lenguas durante dos o tres horas por día. No me emociono, salto ni aplaudo con mis manos durante la adoración.*

Pero la Biblia no dice que usted tenga que hacer nada de eso para ser guiado por el Espíritu Santo, así que no intente construir ningún tipo de caso con requisitos que son demasiado difíciles para que usted pueda manejarlos. Lo fundamental es que si usted ha nacido de nuevo, es el templo del Espíritu Santo. Si usted es el templo, tiene al Espíritu Santo. Si tiene al Espíritu Santo, tiene al Instructor. Si tiene al Instructor, Él puede hacer la obra de *El Shaddai* (el Dios que es más que suficiente) en su situación. Es así de fácil, así que no intente hacer las cosas difíciles para usted mismo.

La Escritura de 1 Juan 2:20 dice: *"Pero vosotros tenéis la unción del Santo, y conocéis todas las cosas*". El Espíritu Santo ha dado a los creyentes una unción especial para conocer todas las cosas. Ya lo sé: algunos días puede que usted no se sienta tan inteligente, pero en su interior está el *potencial* de conocer todas las cosas. Yo creo que eso es maravilloso, especialmente los días en que no me siento demasiado rápida. Es consolador saber que a pesar de lo difícil que sea la situación que estamos afrontando, el Espíritu Santo nos enseñará cómo hacer a nuestras familias resistentes a Satanás y evitar que el diablo cause ningún daño a nuestros hogares mientras estamos manejando la crisis.

En una ocasión, cuando yo estaba en un avión hacia Atlanta, una de las asistentes de vuelo —la llamaré Raquel— me dijo que ella había nacido de nuevo y era llena del Espíritu. No estaba segura de sí debía continuar en su profesión porque a veces se le pedía que sirviera licor a los pasajeros del avión. Entonces, me contó un incidente en el que un hombre se había emborrachado y actuó groseramente hacia las mujeres del avión. Raquel había comenzado a orar en el Espíritu y pidió a Dios una revelación sobre cómo manejar a ese hombre.

El Espíritu Santo le había dirigido a acercarse y sentarse cerca del hombre embriagado. Cuando ella se sentó allí y comenzó a orar en silencio, no pasó mucho tiempo hasta que la mano del hombre se dirigió a la pierna de ella. Raquel retiró su mano y le dijo: "Sé que tiene una maravillosa esposa en casa que está orando por usted, ¡y usted está viviendo y comportándose como un perro! ¿Qué le pasa?".

Bien, el hombre quedó sorprendido y le preguntó: "¿Cómo supo usted que mi esposa es cristiana?". Raquel siguió arremetiendo contra él, diciendo:

"Usted es un hombre lascivo y lujurioso, ¡y voy a expulsar a esos espíritus malignos de usted ahora mismo!". Cuando ella hizo eso, el hombre fue liberado de inmediato entregó su vida al Señor allí mismo en aquel avión.

Amigos, algunos de ustedes probablemente no estarán de acuerdo conmigo, pero no creo que podamos meter a Dios en un molde y decirle cómo, dónde y cuándo utilizar a las personas. Ciertamente no estoy alentando a que los cristianos participen en estilos de vida del pecado; pero sí sé que Satanás está metiendo sus garras en un alma preciosa tras otra porque los creyentes han estado contentos con permanecer ocultos en sus cómodas iglesias en lugar de hacer lo que Dios quiso: ¡sojuzgar la tierra!

Dé aliento espiritual

¿Recuerda que hablamos en el primer capítulo sobre hacer nuestras relaciones resistentes a Satanás orando en el Espíritu Santo? Si necesita un recordatorio, lea Judas 20–21. Ahora quiero decirle algunas cosas prácticas con respecto al modo en que usted trata a sus familiares para que sepa exactamente lo que sucede cuando usted ora en el Espíritu Santo.

Creo que orar en el Espíritu nos da una unción especial para amar a las personas que puede que no sean tan adorables en ese momento en particular. Seamos sinceros: no es fácil seguir amando a un cónyuge que dice todo tipo de cosas terribles que atraviesan su corazón. Es un hecho que ninguna otra persona puede herirle tan profundamente como su cónyuge o sus hijos. Pero si usted quiere mantener al diablo fuera de esas relaciones, tendrá que orar en el Espíritu Santo, y entonces Dios le edificará en esos lugares hirientes. Dios le ayudará a permanecer enfocado en su maravilloso amor en lugar de enfocarse en las ofensas, heridas y derrotas que el diablo intentará intensificar en su corazón.

Orar en el Espíritu Santo le revelará la imagen de Dios que tienen sus hijos. A veces, creo que nosotros los cristianos tendemos a ser demasiado críticos con nuestros hijos; esperamos que ellos sean perfectos. Amigos, nuestros hijos necesitan nuestro aliento más que ninguna otra cosa que necesiten de nosotros como padres. Tenemos que hacer saber a nuestros hijos que ellos son preciosos y valiosos para Dios, y también para nuestra familia.

> **Dios le ayudará a permanecer enfocado en su maravilloso amor en lugar de enfocarse en las ofensas, heridas y derrotas que el diablo intentará intensificar en su corazón.**

Desde luego, tenemos que instruir a nuestros hijos en la Palabra de Dios, y debemos administrarles una adecuada y coherente corrección. Pero también debemos ayudarles a entender que la razón por la que les corregimos es porque los tenemos en alta estima. ¿Saben sus hijos que les irá mejor debido a que usted les ha corregido? ¿Son ellos alentados, edificados, después de haberles corregido? ¿O tan sólo se sienten indignos y derrotados?

La proporción entre aliento y crítica constructiva que damos a nuestros hijos debería ser del 90 por ciento de aliento y el 10 por ciento de crítica. Tome tiempo para evaluar sus relaciones con sus hijos y asegurarse de que esté dando más aliento que critica. Entonces, asegúrese de que la crítica que les hace sea siempre constructiva. Si descubre que es deficiente en aliento, comience a aumentar la cantidad de tiempo que emplea orando en el Espíritu Santo. Dios le dará una revelación de cómo ve Él a sus hijos, y aumentará el amor de usted por ellos, incluso mientras ellos estén siendo rebeldes.

Sé que educar a los hijos es difícil, y es fácil volverse crítico. Es muy fácil perder la paciencia y hartarse de sus hijos; es muy fácil darse por vencido y decidir no tratarlos. Pero deje que le advierta: si no trata usted con sus hijos, ¡puede apostar a que el diablo lo hará! A él le encanta ver a hijos que se sienten descuidados, no queridos o inferiores. Él tiene todo tipo de seducciones brillantes para ofrecerles: dinero, drogas, autos rápidos y amistades equivocadas. Hay todo tipo de vicios tan sólo esperando tragarse a sus hijos, y ellos quedarán perdidos en una subcultura de la cual, sin Dios, hay pocas esperanzas de salir.

Sin embargo, podemos mantener alejado al diablo de nuestros hijos alentándolos, y podemos recibir una unción especial para hacerlo de parte de Dios cuando oramos en el Espíritu Santo.

Hablemos sobre el conocimiento. *"Sabemos que todos tenemos conocimiento. El conocimiento envanece, pero el amor edifica"* (1 Corintios 8:1). Todos podemos saber cómo tratar a las personas. Hay disponibles miles de libros y artículos sobre "cómo" que le darán instrucciones paso a paso para desarrollar relaciones satisfactorias con su cónyuge y sus hijos. Pero está claro que este tipo de conocimiento no está funcionando, porque el fenómeno del "fracaso de la familia" sigue barriendo los hogares cristianos. Esto se debe a que la mayoría de creyentes no están haciendo a sus familias resistentes a Satanás mediante la oración. La mayoría de nosotros no estamos alentándonos a nosotros mismos en el amor de Dios con respecto a nuestras familias. En cambio, sólo estamos reuniendo conocimiento, y el conocimiento sin amor lleva el orgullo de los creyentes a un nivel peligroso. Como escribió el apóstol Pablo: *"Y si... entendiese todos los misterios y toda ciencia... y no tengo amor, nada soy"* (1 Corintios 13:2).

Muchos cristianos se han elevado a ellos mismos tan alto en el vasto conocimiento disponible sobre cómo edificar relaciones sanas, que se han vuelto mecánicos en su modo de pensar. Las personas con este tipo de orgullo no disfrutan de otras personas; no disfrutan de sus hijos, y sin duda no disfrutan de sus cónyuges. En su mentalidad no hay ningún amor piadoso operando, sino sólo una actitud que dice: "Yo soy experto", o "Yo siempre sé la manera correcta de hacer las cosas". Yo digo: ¡Qué aburrido estar con alguien que cree que lo sabe todo siempre! Incluso si la persona tuviera razón todo el tiempo, yo no querría estar cerca de ella.

Como esposa de pastor, he escuchado esta queja muchas veces, y puedo decir que sus relaciones funcionarán mucho mejor si no intenta usted ser quien siempre lo sabe todo. Y si siente que tiene que saberlo todo, esté seguro de que lo primero que conozca sea el amor piadoso.

El amor verdadero y piadoso no es el sentimiento emocional que llega a nosotros de vez en cuando;

más bien es el acto real de amar: el *hacer* cosas beneficiosas para aquellos con quien tenemos contacto. Descubrir este tipo de amor sólo se produce pasando tiempo orando en el Espíritu Santo. Entonces será capaz de tomar las enseñanzas de Él y hacer su hogar resistente a Satanás alentando y edificando a sus familiares en el amor de Dios.

El Espíritu Santo da vida

Otra cosa que necesitará tener en un hogar resistente a Satanás es la vida de Dios operando en su hogar. Muchos hogares cristianos simplemente tienen demasiada muerte acechando a su alrededor. Los creyentes necesitan sacar partido de Dios en sus hogares orando en el Espíritu Santo.

Puede que usted diga: "¿Qué quiere decir? No hay muerte en mi casa". Hay muchas maneras en que la muerte puede entrar a su hogar. Una de ellas es mediante los sistemas escolares. Si sus hijos asisten a una escuela pública, usted debe ser consciente de que sus mentes están siendo llenas de muerte diariamente. Desde luego, están aprendiendo teorías, principios y asignaturas académicas que son necesarias para que ellos funcionen en el mundo. Pero también hay muchas otras ideas muertas que les obligan a meter en sus mentes: cosas como la evolución, el materialismo y cómo participar en el "sexo seguro".

La muerte también puede infiltrarse en su hogar mediante un cónyuge no salvo. Ahora bien, no quiero que ninguno de ustedes diga: "Marilyn dijo que debería librarme de mi cónyuge no salvo". Yo no he dicho eso. La Biblia nos asegura que un cónyuge creyente santifica el hogar (véase 1 Corintios 7:14). Sin embargo, si su cónyuge no es salvo, él o ella están espiritualmente muertos, y usted necesita contrarrestar ese espíritu de muerte con el espíritu de vida. Eso sucede cuando usted ora regularmente.

Hay otras cosas de las que necesita estar vigilante, como la música que sus hijos escuchan y las películas que ven. ¿Qué programas de televisión ve su familia? Satanás es sutil, y no llegará siempre haciendo mucho ruido. A veces, él se deslizará en silencio como una serpiente, pero siempre trae muerte y destrucción.

Como contraste, Dios siempre ha llevado vida a situaciones de muerte mediante el poder del Espíritu Santo.

> *En el principio creó Dios los cielos y la tierra. Y la tierra estaba desordenada y vacía, y las tinieblas estaban sobre la faz del abismo, y el Espíritu de Dios se movía sobre la faz de las aguas.* (Génesis 1:1–2)

Antes de la creación, el mundo estaba en confusión y estragos. El Espíritu de Dios se movía sobre la tierra que convirtió el caos (confusión) en cosmos (orden). El diccionario define *cosmos* como "un universo ordenado, armonioso y sistemático".

Cuando usted comience a orar en lenguas, el Espíritu Santo se moverá sobre su hogar, y llevará orden y vida divinos donde antes había muerte y confusión.

> *El espíritu es el que da vida; la carne para nada aprovecha; las palabras que yo os he*

hablado son espíritu y son vida.

(Juan 6:63)

Pruébelo. Comience caminando por su casa orando en el Espíritu. Ore sobre su sofá y sobre las sillas de la cocina. Esposos y esposas, oren juntos sobre su cama. Oren por la ropa y los zapatos del otro, diciendo: "Señor, que la persona que viste estas cosas camine en la vida del Espíritu Santo".

Yo oro por mi hogar todo el tiempo. Mi esposo es pastor, y yo siempre oro por su almohada y por su ropa. Cuando mi hija Sarah estaba en la escuela, yo a veces iba a su cuarto y oraba por su cama, pidiendo a Dios que le diera sabiduría especial. También le pedía al Espíritu Santo que le diera vida porque yo sabía que a los estudiantes les gusta quedarse despiertos hasta muy tarde. Creo que Dios despertó su mente y su cuerpo para que ella pudiera comprender y aprender mejor durante el día.

Orar en el Espíritu es como un hombre sediento que toma un gran trago de agua. Cuanto más ora usted en el Espíritu, más sed tiene; y cuanta más sed tiene, más ora. Es como una espiral. Y está la siguiente promesa de Dios: "*Porque yo derramaré aguas sobre el sequedal, y ríos sobre la tierra árida; mi Espíritu derramaré sobre tu generación, y mi bendición sobre tus renuevos*" (Isaías 44:3).

Cuanto más bebe usted del Espíritu Santo, más sed tiene, y debido a su sed, Dios derramará su Espíritu sobre usted y sobre sus hijos. Entonces, también ellos comenzarán a tener sed del Espíritu del Señor. Hay una conexión en la esfera espiritual entre padres e hijos. Por tanto, si usted quiere que sus hijos sean espirituales, asegúrese de que usted es espiritual, y pase mucho tiempo en oración.

ESTAR FIRMES

A fin de hacer nuestros hogares resistentes a Satanás, debemos estar firmes contra el diablo. Eso sucede cuando los creyentes se involucran en la oración intercesora. *"Vestíos de toda la armadura de Dios, para que podáis estar firmes contra las asechanzas del diablo"* (Efesios 6:11).

> **Cuanto más bebe del Espíritu, más sed tiene; y debido a su sed, Dios derramará su Espíritu sobre usted y sobre sus hijos.**

¡Guau! Esta Escritura continúa describiendo la armadura de Dios:

> *Por tanto, tomad toda la armadura de Dios, para que podáis resistir en el día malo, y habiendo acabado todo, estar firmes. Estad, pues, firmes, ceñidos vuestros lomos con la verdad, y vestidos con la coraza de justicia, y calzados los pies con el apresto del evangelio de la paz. Sobre todo, tomad el escudo de la fe, con que podáis apagar todos los dardos de fuego del maligno. Y tomad el yelmo de la salvación, y la espada del Espíritu, que es la palabra de Dios; orando en todo tiempo con toda oración y súplica en el Espíritu.* (versículos 13–18)

Es toda una vestidura, ¿verdad? Cuando usted decide hacer su hogar resistente a Satanás mediante la oración intercesora, debe ponerse *"la coraza de justicia"*, que le hará más valiente porque estará usted caminando en la justicia de Dios y no en la suya propia. *"El yelmo de la salvación"* protegerá su mente de pensar cualquier pensamiento que al diablo le gustaría que usted pensara. Ahora bien, el diablo seguirá lanzándole pensamientos destructivos. Le dirá que es usted un fracaso, que su cónyuge no le quiere, y que sus hijos son un desastre. Pero usted no tiene que quedarse pensando en ese tipo de basura, ¡porque su mente está protegida por el yelmo de la salvación!

¿A qué suena toda esta armadura? ¡A mí me suena como si alguien se estuviera preparando para la batalla! Son ropas de batalla. Usted dirá: "Pero Marilyn, yo no voy a estar en los campos misioneros ni a luchar para hacer avanzar el evangelio mediante el evangelismo. Sólo voy a estar en mi dormitorio orando por mi familia". Muy bien, entonces su dormitorio se convertirá en un campo de batalla. Es ahí donde usted va a estar firme y decirle al diablo que él no puede tener su matrimonio, sus hijos, sus familiares, sus amigos, sus finanzas, su futuro, ¡ni ninguna otra cosa que le pertenezca a usted!

En Isaías dice:

> *Porque vendrá el enemigo como río, mas el Espíritu de Jehová levantará bandera contra él.* (Isaías 59:19)

La palabra *bandera* aquí se refiere a algo que causa que otra cosa desaparezca o huya. Santiago 4:7 dice: *"Someteos, pues, a Dios; resistid al diablo, y huirá de vosotros"*.

Cuando usted se ha vestido con la armadura de Dios, entonces usted, el intercesor, se convierte en la bandera que Dios quiere levantar. Mediante el poder de Cristo Jesús, Dios quiere que usted resista al diablo por causa de sus seres queridos. Y cuando usted haya entregado su vida a Cristo y haya comenzado a desarrollar una relación más íntima con Él, el diablo huirá de su casa cuando usted se ordene que lo haga en el nombre de Jesús. Dios quiere que usted haga a su familia resistente a Satanás convirtiéndose en un intercesor tan poderoso, ¡que el diablo no quiera desperdiciar su tiempo deteniéndose en su casa!

Capítulo 3

Bendiga su hogar

Es importante que usted entienda que hacer su hogar resistente a Satanás no es cuestión de "una sola vez". Digo esto porque algunos de ustedes pondrán en acción sólo uno de los principios bosquejados en este libro y creerán que su casa está segura. Entonces, cuando el diablo vuelva a interrumpir su vida, dirán: "¡Marilyn, no funcionó!". Pero no es que los principios no funcionen; es que funcionan cuando se aplican *juntos* y se practican *regularmente*.

Hacer su hogar resistente a Satanás es un proceso continuado: es un estilo de vida. También es parecido a un rompecabezas: recibir a Cristo como su Salvador personal es una pieza, leer su Biblia es otra pieza, aplicar la Palabra de Dios a su propia carne y a sus circunstancias es otra pieza, orar en el Espíritu Santo es una pieza, y proclamar las bendiciones de Dios es otra de las piezas. Si ponemos todas esas piezas en sus lugares adecuados, pronto tendremos un cuadro más claro de la imagen en la cual Dios nos creó: su imagen. ¡Y Él fue el primero en hacer resistente a Satanás!

Bendiciones y beneficios

He observado algo especial sobre hacer su hogar resistente a Satanás: parece rebosar de maravillosas bendiciones de Dios. ¿Sabía que Dios comenzó a bendecir a las personas inmediatamente después de haberlas creado? "*Y creó Dios al hombre a su imagen, a imagen de Dios lo creó; varón y hembra los creó. Y los bendijo Dios*" (Génesis 1:27–28).

La palabra hebrea traducida aquí como "*bendijo*", *barak*, significa "arrodillarse" (*Strong's* 1288). Dios puso a Adán y Eva en una postura arrodillada: la posición de adoración. ¿Por qué? Para que Él pudiera comenzar a prosperarlos con hijos y darles control sobre la tierra. Desde luego, sabemos que ellos se apartaron de la postura de adoración a Dios y adoptaron la postura de adorar sus propios deseos. Realmente lo arruinaron todo, no sólo para ellos mismos sino también para todos los demás.

Por tanto, sabemos que el deseo de Dios es bendecir a su pueblo. No quiero dar a entender que Dios sea como papá Noel y que nos bendice con "regalos" como buena salud, prosperidad o paz en nuestros hogares. Esas cosas no son *regalos*; en cambio, son *beneficios* que recibimos cuando nos mantenemos en una actitud de adoración. Son los resultados de vivir una vida bendecida.

Cuando comenzamos a aplicar las bendiciones de Dios a nuestros seres queridos, realmente estamos diciendo: "Dios, pon a mis seres queridos en una postura de adoración para que ellos puedan recibir los beneficios de tener una relación íntima contigo". ¿No es eso lo que usted realmente quiere para su familia? ¡Claro que lo es! Por tanto, cuando piense en hacer su hogar resistente a Satanás, recuerde que tiene que propiciar abundantes bendiciones sobre sus seres queridos. También recuerde que debe estar viviendo con una actitud de adoración a fin de propiciar bendiciones. Amigos, sencillamente no podemos vivir un estilo de vida de pecado y esperar seguir consagrados en la autoridad de Dios. Simplemente no funciona de esa manera. A fin de bendecir a otros, nosotros mismos debemos ser bendecidos primero.

Hay cinco promesas básicas implicadas en el verbo bendecir: beneficiar, hacer completo, prosperar, hacer sano y hacer riqueza. Cuando usted pronuncia las bendiciones de Dios, le está recordando sus promesas. Está diciendo: "Padre, te recuerdo tus promesas para tus hijos del pacto de beneficiarnos, hacernos completos, prosperarnos y hacernos sanos y con riqueza".

> **El acto de bendecir no debe ser tomado a la ligera, porque cuando los creyentes mezclamos fe con bendiciones, impulsamos a Dios a moverse según sus promesas.**

Si usted quiere tener un hogar resistente a Satanás, entonces comience a bendecir a sus seres queridos. El acto de bendecir no debe ser tomado a la ligera, porque cuando los creyentes mezclamos fe con bendiciones, impulsamos a Dios a moverse según sus promesas. Por tanto, independientemente de las circunstancias que pueda estar afrontando, comience a bendecir a las personas involucradas.

Cuatro áreas de bendición

Hay cuatro áreas en las que Dios quiere que sus bendiciones rebosen en las vidas de su pueblo: en nuestras circunstancias, hacia nuestros enemigos, hacia el Señor y en nuestros hogares.

¿No le gustaría ver las bendiciones de Dios manifestadas en todas sus circunstancias? ¿Y en su lugar de trabajo? Algunos de ustedes están experimentando dificultades porque su jefe favorece a otro empleado antes que usted. Se ha sentido usted ofendido, y quiere saltar y tirar la toalla. Pero ¿ha considerado que Dios puede querer que usted se quede allí para ser un canal por el cual Él derrame sus bendiciones sobre esas personas? Quédese ahí, y dé gracias a Dios por su trabajo. Comience a bendecir a su jefe, y también a los demás empleados; Dios bendecirá a todos los involucrados y también se moverá a favor de usted.

Otra área en la que Dios quiere manifestar sus maravillosas bendiciones es hacia sus enemigos. Él nos manda: *"Amad a vuestros enemigos, bendecid a los que os maldicen, haced bien a los que os aborrecen, y orad por los que os ultrajan y os persiguen; para que seáis hijos de vuestro Padre que está en los cielos"* (Mateo 5:44–45). Usted dirá: "Marilyn, es ahí donde lo estropeo. Sencillamente no puedo bendecir a mis enemigos".

Muy bien, veamos más de cerca a nuestros enemigos. Sabemos que nuestro verdadero enemigo es el diablo. Pero en términos de otras personas, definamos a nuestros enemigos como quienes consciente o inconscientemente se permiten ser utilizados por el diablo con el propósito de hacernos daño.

Yo creo que la mayoría de cristianos probablemente estaría de acuerdo en que asesinos, ladrones, violadores y similares son nuestros enemigos. Sin duda, esas personas son peligrosas; sin embargo, algunos de ustedes puede que hayan sido heridos por unos padres que les descuidaron o abusaron de ustedes. Algunos de ustedes puede que tengan cónyuges que son desconsiderados y crueles; quizá, hasta les hayan abandonado. Otros de ustedes puede que tengan "buenos amigos" que difundieron sus secretos más profundos y chismearon sobre ustedes. Y otros puede que hayan sido manipulados o heridos a manos de otros cristianos.

Hay dos cosas que quiero que usted vea en todas esas situaciones. Alguien ha resultado herido, y alguien ha sido utilizado como herramienta por el diablo. No estoy minimizando el sufrimiento personal que usted pueda haber experimentado a manos de otra persona. Pero ¿no es acaso la persona que le hizo daño realmente tan sólo una víctima también? Yo creo que Satanás utiliza a unas personas contra otras para llevar a cabo maquinaciones diabólicas de robar, matar y destruir al pueblo de Dios (véase Juan 10:10).

Piense en esto la próxima vez que alguien se levante contra usted, y recuerde que alguien que hace resistente a Satanás bendice a sus enemigos. ¿Es fácil? ¡No! Pero puede hacerse por parte de un creyente que viva con una actitud de adoración, alguien que quiera ver los beneficios amorosos de Dios manifestarse más plenamente en las vidas de otras personas.

Dios también quiere bendecirnos en nuestras relaciones con Él. El salmista expresó gozo ante las bendiciones de Dios diciendo:

Bendice, alma mía, a Jehová, y no olvides ninguno de sus beneficios. Él es quien

*perdona todas tus iniquidades, El que sana
todas tus dolencias; El que rescata del hoyo
tu vida, El que te corona de favores y misericordias; El que sacia de bien tu boca de
modo que te rejuvenezcas como el águila.*
(Salmos 103:2–5)

Dios es bendito por nuestra obediencia, nuestra
alabanza y nuestra adoración. Cuando bendecimos
a Dios, creamos un ambiente en el cual sus bendiciones pueden abundar en nuestras vidas.

Otra área en la que Dios quiere bendecirnos es
en nuestros hogares. Si nos dieran a elegir, a la mayoría de nosotros nos gustaría ver los beneficios de
Dios fluyendo en nuestras vidas y en las vidas de
nuestros seres queridos.

Puede bendecir a sus
hijos durante todo el día,
pues la Palabra de Dios no
está limitada por el tiempo o la distancia. Nombre
a cada niño y diga: "Dios
te bendiga en la escuela".
Bendiga a sus hijos espe-
cialmente después de que
hayan sido disciplinados.
Acérquese a su hijo y diga:
"Te has portado mal, pero

> **Puede bendecir a
> sus hijos durante
> todo el día,
> pues la Palabra
> de Dios no está
> limitada por
> el tiempo o la
> distancia.**

te quiero y le estoy pidiendo a Dios que te bendiga".
Creo que cuando mezcle fe con la bendición, verá
una mejora en la conducta de su hijo, en su actitud
y en su rendimiento académico.

Una mujer que forma parte de mi personal tiene
una hija de 15 años cuya conducta rebelde estaba

afectando de modo negativo su rendimiento en la escuela. La mujer oró y buscó la sabiduría de Dios para la situación. Entonces comenzó a proclamar las bendiciones de Dios en la vida de su hija. A medida que la madre fue más consciente de la necesidad de hablar palabras de aliento en lugar de crítica, la actitud y el rendimiento académico de su hija comenzaron a mejorar.

Las esposas que queremos hacer nuestros hogares resistentes a Satanás necesitamos bendecir a nuestros esposos, incluso cuando sean gruñones o mezquinos. Si su esposo le hace daño con palabras o actos desagradables, resista la urgencia de vengarse o contraatacar. En cambio, ore en privado y pronuncié las bendiciones de Dios sobre él. No es fácil, ya lo sé, y algunos de ustedes puede que piensen: *Marilyn, no puedo bendecir a mi esposo; ¡preferiría estrangularle!* Sin embargo, debe usted bendecirle, aunque tenga que decir: "Dios, estoy enojada con mi esposo en este momento pero, por fe, te pido que le bendigas".

EL SACERDOCIO Y LAS BENDICIONES

Ahora veamos lo que realmente sucede cuando pronunciamos las bendiciones de Dios. La Biblia dice que Dios mandó a los sacerdotes bendecir a los hijos de Israel:

> *Jehová habló a Moisés, diciendo: Habla a Aarón y a sus hijos y diles: Así bendeciréis a los hijos de Israel, diciéndoles: Jehová te bendiga, y te guarde; Jehová haga resplandecer su rostro sobre ti, y tenga de ti misericordia; Jehová alce sobre ti su rostro, y*

ponga en ti paz. Y pondrán mi nombre sobre
los hijos de Israel, y yo los bendeciré.
(Números 6:22–27)

¿Qué sucedió cuando los israelitas fueron
bendecidos?

Y entraron Moisés y Aarón en el tabérná-
culo de reunión, y salieron y bendijeron al
pueblo; y la gloria de Jehová se apareció a
todo el pueblo. (Levítico 9:23)

Cuando los sacerdotes bendijeron al pueblo,
apareció la gloria de Dios. Las bendiciones producen una manifestación de la gloria de Dios. Puede
que usted piense: *Eso estaba bien para el anti-*
guo Israel, ¿pero dónde están los sacerdotes en la
actualidad?

La Biblia dice que los creyentes son reyes y
sacerdotes:

Y de Jesucristo... Al que nos amó, y nos lavó
de nuestros pecados con su sangre, y nos
hizo reyes y sacerdotes para Dios, su Padre.
(Apocalipsis 1:5–6)

¿Quiere usted ver la gloria de Dios manifestada
en su familia, en su lugar de trabajo, en su iglesia,
en su país y en el mundo? Entonces debe ejercer la
autoridad que Jesucristo le ha dado. Debe comenzar
a funcionar como un sacerdote para las personas
con las cuales tiene usted contacto y comenzar a
pronunciar las bendiciones de Dios sobre sus vidas.

Yo oro y pronuncio las bendiciones de Dios sobre mi familia, ministerio y compañeros de ministerio, sobre los Estados Unidos y sobre todo el mundo.

Amigos, si queremos ver a Dios manifestar su gloria, entonces tenemos que dejar de quejarnos sobre lo mal que están las cosas, adoptar nuestras posiciones sacerdotales, ¡y comenzar a hacer al mundo resistente a Satanás!

La Biblia explica claramente las principales obligaciones de los sacerdotes:

> *En aquel tiempo apartó Jehová la tribu de Leví para que llevase el arca del pacto de Jehová, para que estuviese delante de Jehová para servirle, y para bendecir en su nombre, hasta hoy.* (Deuteronomio 10:8)

¿Qué era tan importante del arca del pacto? Contenía los Diez Mandamientos (el camino), el jarro dorado de maná (la verdad), y la vara de de Aarón que reverdeció (la vida). El camino, la verdad y la vida; ¿quién es? ¡Jesús, desde luego! (Véase Juan 14:6). Los sacerdotes del Antiguo Testamento llevaban el arca del pacto, y las cosas que contenía eran cuadros de lo verdadero: ¡Jesús!

La Biblia también dice que los sacerdotes ministraban a Dios. Eso significa que vivían sus vidas con una actitud de adoración. Ellos no podían estar de ninguna manera en la presencia de Dios sin estar consagrados. Y entonces, bendecían al pueblo *en nombre de Él.*

> *Mas vosotros sois linaje escogido, real sacerdocio, nación santa, pueblo adquirido por Dios, para que anunciéis las virtudes de aquel que os llamó de las tinieblas a su luz admirable.* (1 Pedro 2:9)

Eso somos nosotros. Los cristianos somos ahora los sacerdotes-creyentes de Dios. ¿Qué quiere Dios que sus sacerdotes —creyentes— hagan en la actualidad? Él quiere que llevemos al mundo el amor y la autoridad de Jesucristo. Dios quiere que vivamos con una *actitud de adoración* y bendigamos al pueblo en el nombre de Jesús.

Uno de los muchos beneficios que Dios quiere que su pueblo reciba es el perdón. Para que los israelitas recibieran perdón por sus pecados, los sacerdotes del Antiguo Testamento tenían que ofrecer sacrificios de sangre. Yo había pensado: *Qué dolor tener que matar a un animal cada vez que fallamos.* Estoy muy contenta de que tengamos el nuevo pacto que fue establecido mediante la sangre derramada de Jesucristo. No tenemos que hacer un sacrificio más, porque una gota de la sangre sin pecado de Cristo fue suficiente para expiar todos los pecados del mundo.

> **No tenemos que hacer un sacrificio más, porque una gota de la sangre sin pecado de Cristo fue suficiente para expiar todos los pecados del mundo.**

Hay algo más que vale la pena notar sobre las bendiciones. En Deuteronomio 33:1 vemos que Moisés bendijo a los hijos de Israel antes de su muerte. Moisés profetizó sobre todas las tribus de Israel. La palabra *bendecir* se define como "conferir prosperidad, felicidad a". ¿Qué estaba haciendo Moisés? Estaba confiriendo prosperidad y felicidad a los israelitas.

¿Y aquellos de ustedes que son padres? ¿Confieren prosperidad y felicidad a sus hijos? ¿Declaran que les va a ir bien en la escuela y en sus relaciones? ¿Declaran que ellos son vencedores en toda situación que afrontan? Si quiere evitar que el diablo atraiga a sus hijos a alejarse del Señor, entonces necesita comenzar a bendecirles. No olvide que un niño que se sienta un perdedor sin valor es vulnerable a los engaños de Satanás.

BENDIGA SUS CIRCUNSTANCIAS

¿Ha conocido alguna vez a alguien cuya vida y circunstancias obviamente estaban inundadas de la gloria de Dios, pero la persona ni siquiera lo sabía? Un hombre llamado Balac, el rey de Moab, experimentó precisamente eso.

La Biblia nos dice que Balac estaba nervioso cuando los israelitas estaban atravesando Moab de camino a la Tierra Prometida. Cuando Balac oyó que ellos estaban acampados en Moab, quedó aterrado. Había oído que los israelitas habían matado a dos reyes amorreos, Sehón y Og, y habían tomado a un inmenso gigante de la tierra (véase Números 21:33–35; 22:1–3).

Imagine a los israelitas. Ellos eran anteriores esclavos que habían estado en esclavitud por más de cuatrocientos años, y estaban totalmente desentrenados para la guerra; sin embargo, habían tenido éxito en la conquista de una tierra que nadie más había sido capaz de conquistar. Era obvio para todos que ellos tenían ayuda sobrenatural de Dios. La gente se decía los unos a los otros: "¿Oíste lo que sucedió? Esos israelitas consiguieron toda la tierra cuando vencieron a Sehón y Og. ¡Lo hicieron porque adoran a cierto tipo de Dios que les bendice!".

Eso también era aterrador para los fereceos, los heveos y el resto de esos "-eos". Todos ellos sintieron pánico cuando oyeron que los israelitas se acercaban. Después de todo, Israel tenía un Dios poderoso que había dividido el mar Rojo y había matado a todos aquellos egipcios, ¡incluyendo al faraón! Entonces, el Dios de Israel les había ayudado a matar a Sehón y Og, otros dos reyes.

Por tanto, cuando Balac oyó que los israelitas estaban en su país, naturalmente se preguntó: *¿Voy a ser yo el siguiente en morir?* El pobre Balac no entendía que su pueblo y él eran bendecidos porque Dios había ordenado a los israelitas que no les hicieran daño. ¿Por qué? Porque los moabitas eran descendientes del sobrino de Abraham: Lot, que les hacía familiares de los israelitas, quienes eran descendientes directos de Abraham.

¿Recuerda cuando Lot y sus dos hijas escaparon del juicio a Sodoma, y fueron a vivir en una cueva en las montañas? Bien, las hijas de Lot le emborracharon y cometieron incesto con él. La hija mayor llamó a su hijo Moab, y él fue el padre de los moabitas (véase Génesis 19:30–37).

A pesar del mal comienzo de los moabitas, Dios les había bendecido y les había dicho a los israelitas que no les hicieran daño. Pero como Balac no conocía a Dios y no tenía idea de que los israelitas harían daño a los moabitas, contrató al profeta Balaam para que maldijera a Israel. Balaam intentó una y otra vez maldecir a los israelitas; hasta se subió a dos montes diferentes e intentó maldecirlos, pero cada vez que abría su boca sólo salían bendiciones de ella (véase Números 22:5–23:11).

Finalmente, le dijo a Balac:

He aquí, he recibido orden de bendecir; El dio bendición, y no podré revocarla.

(Números 23:20)

Balaam estaba diciendo: "No puedo maldecir a esas personas porque tienen sobre ellas las bendiciones de Dios, y lo que Dios ha bendecido, nadie lo puede maldecir". ¡Qué sorprendente revelación! Y, amigos, lo mismo es cierto en la actualidad. Cuando usted comienza a hacer sus relaciones y circunstancias resistentes a Satanás pronunciando las bendiciones de Dios, ¡puede creer que ninguna maldición diabólica saldrá contra ellos!

> **Cuando usted comienza a hacer sus relaciones y circunstancias resistentes a Satanás pronunciando las bendiciones de Dios, ¡puede creer que ninguna maldición diabólica saldrá contra ellos!**

Pronunciar bendiciones, no maldiciones

Permita que le muestre algo sobre cómo las peleas matrimoniales y los problemas con nuestros hijos se ven afectados por las palabras que pronunciamos. Puede que usted diga: "Soy cristiano, y nunca pronuncio maldiciones sobre otras personas". ¿Pero y las cosas odiosas y negativas que nos decimos los unos a los otros?

¿Qué sucede cuando algunos esposos regresan a su casa del trabajo? Miran a su esposa y dicen: "¿Por qué llevas esa ropa vieja? Estás muy gorda. ¿Cuándo te vas a poner a dieta?".

O a veces las esposas puede mirar a su esposo y decir: "Tienes mal aliento y hueles mal. ¡Ve a cepillarte los dientes y tomar un baño!".

Y algunos no somos mejores con nuestros hijos. Puede que digamos: "¡Nunca llegarás a nada! ¿Cómo te has vuelto tan estúpido? ¡Te ves horrible!".

¿Estamos bendiciendo, o estamos maldiciendo? Si quiere que el diablo rompa su matrimonio, siga hablando con su cónyuge de manera negativa. En cuanto a sus hijos e hijas, ya le he dicho que el diablo está a la caza de los hijos con una mala autoestima. ¿Y dónde cree que se desarrolla el sentimiento de autoestima de su hijo? En el hogar, desde luego.

Conozco a una pareja joven que estaba teniendo problemas matrimoniales. Una vez, cuando se estaban preparando para celebrar unas vacaciones en particular, la esposa le dio un ultimátum a su esposo: él tendría que hacer las cosas a la manera de ella, ¡o hacer sus maletas e irse!

El esposo enseguida reconoció que el diablo estaba intentando destruir su matrimonio. Por tanto, en lugar de enojarse, ese joven creyente sacó su aceite de las bendiciones y comenzó a ungir su casa: las puertas, las ventanas, los cajones de la cómoda, la entrada, y demás. Ese esposo comenzó a pronunciar bendiciones sobre su esposa y su matrimonio. Actualmente, esa pareja sigue junta, y su matrimonio continúa creciendo en el Señor.

Aquel joven tenía una elección, ¿no es cierto? Podría haber abierto de par en par las puertas de su matrimonio y haber permitido que Satanás se lo robara. En cambio, hizo su hogar resistente a Satanás y pronunció bendiciones sobre sus circunstancias.

Hay bendiciones sobre la cabeza del justo;
pero violencia cubrirá la boca de los impíos.
(Proverbios 10:6)

Deje que le hable de otra persona que bendijo sus circunstancias: Jacob.

Y aborreció Esaú a Jacob por la bendición
con que su padre le había bendecido, y dijo
en su corazón: Llegarán los días del luto de
mi padre, y yo mataré a mi hermano Jacob.
(Génesis 27:41)

Yo diría que alguien que odia a su hermano lo bastante para querer matarlo es bastante serio, ¿verdad? ¿Por qué odiaba Esaú a Jacob? Porque Jacob había recibido la bendición del primogénito de su padre Isaac. Como hijo mayor, Esaú debía heredar la bendición, pero él se había vuelto descuidado con respecto a las cosas espirituales y había vendido su primogenitura a Jacob por un plato de guisado (véase Génesis 25:30–34). Sin embargo, Esaú no era el único equivocado; Jacob utilizó su engaño para conseguir la bendición. Esaú se enojó tanto con Jacob que amenazó con matarle, pero nunca lo hizo. ¿Por qué? Porque las bendiciones de Dios estaban sobre Jacob, y lo que Dios había bendecido no podía ser maldecido.

Cuando Rebeca descubrió que su hijo Esaú quería matar a su hermano, envió a Jacobo a vivir con su hermano Labán. Antes de que Jacob se fuera de su casa, su padre Isaac le bendijo otra vez.

Y el Dios omnipotente te bendiga, y te haga fructifique y te multiplique, hasta llegar a ser multitud de pueblos; y te dé la bendición de Abraham, y a tu descendencia contigo, para que heredes la tierra en que moras, que Dios dio a Abraham. (Génesis 28:3–4)

La Biblia nos dice que Jacob ciertamente prosperó durante los catorce años que vivió en Harán con su tío. Jacob se casó con dos de las hijas de Labán: Lea y Raquel, y fue padre de doce hijos. Jacob también se enriqueció:

Y se enriqueció el varón muchísimo, y tuvo muchas ovejas, y siervas y siervos, y camellos y asnos. (Génesis 30:43)

Finalmente, Jacob regresó desde Harán a Canaán, y es interesante ver cómo trató a Esaú. Jacob sabía que no podía evitar encontrarse con Esaú; no creo que Jacob estuviese esperando con ilusión ver a su hermano, pues sabía que se había aprovechado injustamente de Esaú y que tenía buenas razones para tener miedo de él.

Por tanto, Jacob tuvo una reunión de oración durante toda la noche, y Dios trató con él con respecto a su propia actitud. Cuando Jacob finalmente tuvo el encuentro con Esaú, no reabrió la vieja herida; en cambio, Jacob bendijo a Esaú con regalos y permitió que Dios distendiera esa situación potencialmente explosiva (véase Génesis 33:1–11).

Amigos, aquí hay una sencilla verdad que necesitamos entender. Pronunciar las bendiciones de Dios sobre nuestras circunstancias producirá vida y los beneficios de Dios, y pronunciar maldiciones sobre nuestras circunstancias producirá muerte.

Diga palabras positivas, no negativas

Hubo otro hombre que realmente entendió la importancia de pronunciar bendiciones: David.

Volvió luego David para bendecir su casa; y saliendo Mical a recibir a David.

(2 Samuel 6:20)

David había regresado de Pérez-uza, donde había ido para llevar el arca del pacto a Jerusalén. Aquella era una ocasión bendecida, y hubo un tremendo servicio de alabanza y adoración. David iba saltando y danzando delante del Señor con todas sus fuerzas. Fue a bendecir su casa, y su esposa Mical salió a encontrarlo. ¿Recibió ella con gracia las bendiciones pronunciadas por su esposo? No. En cambio, ella dijo:

¡Cuán honrado ha quedado hoy el rey de Israel, descubriéndose hoy delante de las criadas de sus siervos, como se descubre sin decoro un cualquiera! (versículo 20)

Mical podría haber añadido sus bendiciones a una ocasión bendita, pero no lo hizo. En cambio, Mical habló negativamente a su esposo y le deshonró.

¿Es usted como Mical? ¿Hay veces en que su cónyuge o su hijo ha estado muy contento y se ha apresurado a compartir su gozo con usted, sólo para encontrar una bofetada por su parte con palabras negativas?

Eso fue lo que hizo Mical, y sus palabras negativas tuvieron el efecto de una maldición sobre su propia vida. Ella nunca pudo tener hijos durante el resto de su vida (véase 2 Samuel 6:23). Por otro lado, de los descendientes de David vino Jesús. Las bendiciones de David fueron eternas.

Yo creo que algunas de ustedes, esposas, podrían sentir lástima de Mical y decir: "Bien, a ella no le gustó el modo en que David se comportaba, bailando medio desnudo por la calle. Ella tenía derecho a hablar negativamente". Permita que comparta con usted el testimonio de una mujer sobre cómo las palabras negativas casi pusieron fin a sus veinte años de matrimonio.

Carol había estado firme en la fe y por su esposo y su hijo, que eran miembros de una secta. Carol misma había sido liberada de la secta meses antes. Ahora bien, Carol podría haberse vuelto realmente negativa con su esposo; después de todo, ella había nacido de nuevo, y tenía la verdad. Podría haber sido muy dura y haber dicho: "¡Vete de ahí, porque si no lo haces, te irás al infierno!".

Pero las palabras negativas podrían haber terminado con su matrimonio. Por tanto, Carol no pronunció palabras críticas y negativas; en cambio, estudió la Biblia y comenzó a bendecir su matrimonio. Oró por su familia y comenzó a dar gracias a Dios regularmente por su esposo. Menos de un año después, tanto su esposo como su hijo acudieron al Señor, dejaron la secta y fueron llenos del Espíritu.

Cuando hacemos nuestras circunstancias resistentes a Satanás pronunciando las bendiciones de Dios, cosechamos bendiciones. Pero pronunciar palabras negativas sólo produce una maldición. Dios quiere que bendigamos las circunstancias de los demás como Josué bendijo a Caleb: "*Josué entonces le*

Cuando hacemos nuestras circunstancias resistentes a Satanás pronunciando las bendiciones de Dios, cosechamos bendiciones.

bendijo, y dio a Caleb hijo de Jefone a Hebrón por heredad" (Josué 14:13).

Josué había guiado a los israelitas a la Tierra Prometida y ahora estaba situando al pueblo en las zonas donde debían establecerse. Caleb había dicho: "Josué, quiero ese pedazo de tierra que reclamé cuando vinimos por primera vez a Canaán como espías". Por tanto, Josué bendijo a Caleb y le dio el terreno que deseaba.

Cuando seguimos la vida de Caleb, vemos que él fue uno de los hombres de Dios más benditos. Y Caleb bendijo a su hija, Acsa, incluso después de que ella se casara y se fuera de su casa. Ella terminó casándose con un hombre lleno del Espíritu llamado Otoniel, quien más adelante se convirtió en el primer juez en Israel.

Yo creo que Caleb fue un padre sabio. Tristemente, muchos padres y madres en la actualidad quieren que sus hijos abandonen sus hogares rápidamente y, por tanto, no se interesan demasiado por las personas con las cuales se relacionan sus hijos. Pero Caleb hizo el anuncio de que quien quisiera casarse con Acsa, primero tendría que matar algunos gigantes y tomar su tierra (véase Josué 15:16). Eso puede sonar un desafío imposible, pero durante aquella época había gigantes viviendo la tierra. Caleb había matado a algunos de ellos, y quería estar seguro de que el esposo de su hija pudiera protegerla de todo tipo de enemigo.

Al requerir que su futuro yerno fuese un asesino de gigantes, Caleb le dio a Acsa la seguridad de que su esposo no sería un perezoso, pues los hombres perezosos no luchan contra gigantes. También, ella tendría la seguridad de que su esposo estaría absolutamente loco por ella, porque sólo el hombre que la amase con sinceridad estaría dispuesto a arriesgar su vida para casarse con ella.

Acsa probablemente deseara que su padre no hubiese planteado ese desafío. Estoy segura de que sus oportunidades de encontrar un esposo que matase a un gigante parecía muy pocas. Pero entonces Otoniel, cuyo nombre significa "fuerza de Dios", apareció, y ciertamente estuvo a la altura de su nombre.

Como ve, Caleb fue bendecido por Dios y por los hombres. Él bendijo sabiamente las futuras circunstancias de la vida de Acsa haciendo imposible que un cualquiera se casara con ella. No puedo subrayar exageradamente lo siguiente: los padres necesitan bendecir a sus hijos de todas las maneras; también necesitan bendecir a los futuros cónyuges de sus hijos antes de que ni siquiera se conozcan.

El último modelo que quiero destacar sobre bendecir las circunstancias de los demás es Rut, que era moabita. Rut había sido criada en la idolatría. Los moabitas adoraban a un llamado *Chemosh*, que significa "una deidad de estercolero". La idolatría también lleva una maldición y, por tanto, ¡Rut estaba en peligro! Esa maldición fue revertida cuando Rut se volvió a Dios. Cuando ella renunció a Chemosh, la maldición fue rota por completo, y tremendas bendiciones llegaron sobre Rut.

Cuando el esposo de Rut murió, ella decidió regresar a Belén con su suegra, Noemí, en lugar de quedarse en Moab con su propia familia. Ella le dijo a Noemí:

No me ruegues que te deje, y me aparte de ti; porque a dondequiera que tú fueres, iré yo, y dondequiera que vivieres, viviré. Tu pueblo será mi pueblo, y tu Dios mi Dios.

(Rut 1:16)

Cuando llegaron a Belén, Rut fue a trabajar espigando en el campo del familiar rico de Noemí: Booz. Ella siguió el consejo de Noemí, y muy pronto Booz quiso casarse con Rut. Él acudió a los ancianos de la ciudad y cumplió con los tediosos procedimientos legales implicados en el matrimonio. Había mucha logística que tenía que solucionarse, pero Booz finalmente lo arregló todo, y Rut y él se casaron (véase Rut 4:1–13).

Veamos las bendiciones que los ancianos pronunciaron sobre el matrimonio de Booz y Rut:

Jehová haga a la mujer que entra en tu casa como a Raquel y a Lea, las cuales edificaron la casa de Israel... Y sea tu casa como la casa de Fares, el que Tamar dio a luz a Judá, por la descendencia que de esa joven te dé Jehová. (Rut 4:11–12)

Esa ceremonia no se trató sólo de un hombre que tomaba una esposa. Más importante, los ancianos también estaban bendiciendo las circunstancias de la vida unida de Booz y Rut. Los ancianos oraron que Rut fuese como Raquel y Lea, las esposas de Jacob, que habían dado a luz a los hijos que se habían convertido en los jefes de las doce tribus de Israel. Los ancianos también oraron que Rut fuese como la nuera de Judá, Tamar, que había tenido hijos gemelos: Pérez y Fares (véase Génesis 38:11–30). Los hijos de aquellas tres mujeres habían sido bendecidos, y los ancianos estaban pronunciando las mismas bendiciones sobre Rut. Pero ¿podría ser la descendencia de Rut una bendición así? Después de todo, Raquel, Lea y Tamar eran israelitas, mientras que Rut era moabita.

Mire, los israelitas conocían la profecía inscrita en Génesis 3:15: *"Y pondré enemistad entre ti y la mujer, y entre tu simiente y la simiente suya; ésta te herirá en la cabeza, y tú le herirás en el calcañar"*. Era una profecía mesiánica, y todas las mujeres israelitas querían dar a luz a la simiente de la cual hablaba. Sin embargo, el Mesías llegaría sólo del linaje de Judá: *"No será quitado el cetro de Judá, ni el legislador de entre sus pies, hasta que venga Siloh; y a él se congregarán los pueblos"* (Génesis 49:10).

La Biblia recoge cinco mujeres en la genealogía de Jesucristo, y Rut está entre esas mujeres (véase Mateo 1:5). ¿Se pregunta cómo llegó ella ahí? Bien, Booz era de la tribu de Judá, y él y Rut tuvieron un hijo llamado Obed. El hijo de Obed fue Isaí, e Isaí fue el padre de David. Rut fue la bisabuela de David, ¡así que terminó en la genealogía de Jesucristo!

Las bendiciones de Dios son totalmente poderosas, y mi oración es que usted se convierta en alguien que hace resistente a Satanás y comience a funcionar como sacerdote para el pueblo más cercano a usted. A medida que usted pronuncie maravillosas bendiciones de Dios, las personas llegarán a una *actitud de adoración*, ¡y comenzarán a caminar en los tremendos beneficios que acompañan a la manifestación de la gloria de Dios!

Capítulo 4

SALGA DEL ARMARIO

Ha observado últimamente que todo tipo de personas están "saliendo del armario" y demandando que el mundo entero reconozca quiénes son y lo que están haciendo? Sin tener en consideración el estilo de vida en el cual puedan estar viviendo, esas personas quieren ser observadas; quieren que su estilo de vida sea aceptado como "normal".

Dios quiere que su pueblo establezca un fuerte ejemplo de lo que es el estilo de vida normal; nosotros los cristianos deberíamos ser los más observados. Yo viajo por todo el mundo, y he llegado a preocuparme por el número de cristianos que parecen estar confundidos con respecto a lo que implica vivir un estilo de vida verdaderamente cristiano.

Muchos de nosotros somos rápidos para decir que estamos siguiendo el ejemplo de Cristo, ¿pero sabe que dondequiera que Jesús iba causaba una conmoción? Su estilo de vida incluía predicar el evangelio, sanar enfermos, alimentar a los pobres y liberar a personas del diablo. Amigos, ¡no se puede llevar ese tipo de estilo de vida sin conmocionar algo!

Puede que usted diga: "Bien, eso se refiere a personas en posiciones de liderazgo. Yo no estoy llamado a salir y ministrar a grandes multitudes de personas". Quizá no lo esté, ¿pero acaso no debemos todos los cristianos ministrar a las personas con las que estamos en contacto, como familiares, amigos, compañeros de trabajo peluqueros o trabajadores de gasolineras? Permita que le pregunte: ¿sabe la cajera de su supermercado favorito que usted es cristiano? ¿Y los vecinos? ¿O su médico? ¿O incluso su familia política?

¿Está marcando una diferencia en la vida de alguna otra persona el hecho de que usted haya nacido de nuevo y haya sido bautizado en el poder del Espíritu Santo? Si no es así, entonces usted necesita "salir del armario" para que Jesús pueda utilizarle para hacer la obra de su Padre aquí en la tierra.

Cuando digo "salir del armario", me refiero a salir de la mentalidad complaciente que tantos creyentes en la actualidad tienen. *Complacencia* significa "autosatisfacción, especialmente cuando va acompañada de inconsciencia de peligros o deficiencias reales". Muchas personas están autosatisfechas porque asisten a la iglesia regularmente; no beben, fuman ni cometer adulterio, y creen que están imitando a Cristo. Pero solamente vivir un estilo de vida limpio no refleja a Cristo. Desde luego, Jesús vivió una vida limpia; sin embargo, también predicó el evangelio, sanó a enfermos, alimentó a los hambrientos y libró a personas de las tenazas de Satanás. Hágase la siguiente pregunta: *¿Estoy realmente imitando a Cristo, o me he vuelto complaciente en un estilo de vida que tiene poco efecto en otras personas aparte de mí mismo?*

Dios + usted = mayoría

Ser victorioso en la guerra espiritual significa saber que todo lo puede en Cristo que le fortalece (véase Filipenses 4:13). Significa salir del armario y hacerse cargo de sus circunstancias. Quienes hacen resistente a Satanás producen un cambio cuando, por fe, salen de la zona de comodidad de la familiaridad y comienzan a aplicar la Palabra de Dios al mundo que les rodea, comenzando en sus propias vidas. Aplicar la Palabra de Dios a sus circunstancias producirá un cambio; quizá no siempre un cambio agradable, pero siempre un cambio necesario. Esos cambios pondrán orden en sus circunstancias según los principios bíblicos.

El cambio no es fácil, porque muchos cristianos preferirían *apoyarse en* alguien en lugar de s*er ellos un apoyo*. Preferirían que alguien *orase por ellos que orar ellos mismos por otra persona*. Es más fácil para algunos de nosotros hundirnos en el ambiente como camaleones en lugar de hacer lo que Dios ha llamado a todos los creyentes a hacer: sojuzgar la tierra.

Recuerde que *sojuzgar* significa "conquistar y llevar a sujeción; derrotar". Puede que usted piense: *La tierra es muy grande, y hay muchas personas diferentes con muchas situaciones diferentes. ¿Cómo espera Dios que nosotros tengamos efectos sobre tantas vidas diferentes?* Es fácil: se hace persona a persona. Usted comienza mostrando el amor de Dios a su familia y amigos. Pronto, estará usted orando y bendiciendo a sus compañeros de trabajo, su peluquero, el trabajador de la gasolinera; y no olvidemos a la cajera del supermercado.

Cuando cada creyente comience a hacer resistente a Satanás la pequeña parte de la tierra sobre la cual tiene influencia, ¡entonces toda la tierra será sojuzgada! ¿No sería eso maravilloso? Pero no sucederá hasta que los creyentes salgan con valentía

> **Cuando cada creyente comience a hacer resistente a Satanás la pequeña parte de la tierra sobre la cual tiene influencia, ¡entonces toda la tierra será sojuzgada!**

del armario, se pongan firmes y hagan la hermosa tierra de Dios resistente a Satanás.

A medida que usted comience a salir del armario, no se desaliente cuando el diablo comience a decirle que usted no puede vencer, o que está totalmente solo. El diablo es un mentiroso; ¡no le escuche! La Biblia dice que Jesús siempre está con usted, y que usted todo lo puede en Cristo que le fortalece (véase Mateo 28:20; Filipenses 4:13). Usted puede tener éxito en hacer su ambiente resistente a Satanás porque Jesús está con usted, y Dios más usted siempre es igual a mayoría.

Ocultar su identidad cristiana

Veamos la vida de una joven llamada Ester que se hizo cargo de sus circunstancias y cambió literalmente el mundo. Su situación era muy grave, y sus actos podrían haberle costado la vida; pero Ester salió del armario y salvó al pueblo de Israel.

Los acontecimientos registrados en el libro de Ester tuvieron lugar mientras los israelitas estaban retenidos en la cautividad de Babilonia. La historia comienza con una fiesta realizada por el rey Asuero de Persia que duró seis meses; fue una ocasión extravagante. Asuero no reparó en gastos para cenar con los líderes de las 127 provincias del imperio persa. Y como no era costumbre que hombres y mujeres festejasen juntos, la reina Vasti estaba muy ocupada entreteniendo a las esposas de aquellos líderes en otra parte del palacio.

La tradición judía dice que Asuero aparentemente se vio vencido por el vino, ¡porque ordenó que su esposa acudiera y se mostrará a sus invitados! Cada vez que yo leo esto, digo para mí: *¡Qué indeseable!* Yo no participo en el movimiento de la liberación de la mujer, pero ciertamente creo que Vasti actuó bien cuando se negó a la demanda de su esposo.

Sin embargo, la negativa de Vasti presentó un grave problema para Asuero. Los siete consejeros inmediatamente comenzaron a advertirle de que era mejor que él hiciera algo con respecto a su esposa "rebelde", antes de que todas las mujeres en el imperio siguieran el ejemplo de Vasti y se revelaran contra sus esposos. Uno de los consejeros, Memucán, llegó al extremo de aconsejar al rey que se divorciase de Vasti y escogiera otra reina más adecuada para la posición (véase Esther 1:19). A pesar de que Asuero puede que amase a Vasti, se divorció de ella para guardar las apariencias. Asuero puede que fuera rey sobre el imperio más poderoso de aquella época, pero se permitió a sí mismo perder a su esposa debido a su propio orgullo y al consejo nada sabio de sus consejeros.

Probablemente usted piense: *¡Yo nunca sería tan estúpido!* Probablemente no. Pero ¿y las veces en que lo estropeó con su cónyuge? ¿Se disculpó enseguida y le compensó? ¿O dejó que su "pequeño" error aumentase y se convirtiera en un pleno incidente?

¿Llamó a un amigo para pedirle consejo? ¿Le dio su amigo buen consejo que produjese reconciliación con su cónyuge? ¿O llamó a alguien que sabía que le comprendería y se pondría de su parte?

Conozco a una mujer que antes era infeliz en su matrimonio. Su esposo abusaba de ella físicamente, bebía mucho y no era ni amoroso ni comprensivo. Pronto, esa mujer tuvo una relación con otro hombre. Era una mala situación, y no había duda alguna de su culpabilidad.

Oramos con esta mujer y le dimos el consejo piadoso de humillarse delante del Señor, y también delante de su esposo. Ella rompió su relación con el otro hombre y después se humilló delante de su esposo diciendo: "Me he equivocado, y no merezco ser tu esposa". De ninguna manera aquella mujer culpó a su esposo de nada. Ella se humilló *a sí misma*.

Sin embargo, su esposo no aceptó sus disculpas, y se divorció de ella. Pero un año después, Dios había hecho una obra en la vida del esposo. Mi esposo tuvo el privilegio de casarlos de nuevo, ¡y siguen casados hasta la fecha!

Nosotros aconsejamos a esta esposa según la Palabra de Dios a someterse y humillarse a sí misma delante de su esposo (véase 1 Pedro 3:1). Estoy segura de que no fue fácil humillarse a sí misma, pero ella recibió nuestro piadoso consejo y actuó en consecuencia, y Dios intervino misericordiosamente y salvó su matrimonio.

Al diablo no le importa cómo se mete en sus relaciones; su única meta es infiltrarse en ellas y causar problemas. Satanás no tiene problema alguno en utilizar el orgullo de usted para destruir sus relaciones. Si usted quiere hacer su hogar resistente a Satanás, es importante que nunca permita que el orgullo evite que se reconcilie con sus seres queridos. *¡Salga del armario!* Salga de su zona de comodidad. No espere a que las cosas "se pasen". ¡Ponga sus circunstancias en consonancia con la Palabra de Dios!

Al diablo no le importa cómo se mete en sus relaciones; su única meta es infiltrarse en ellas y causar problemas.

Aunque el rey Asuero ciertamente hizo todo mal con respecto a la situación con la reina Vasti, Dios obtuvo la gloria de la siguiente reina de Persia. Cuando Asuero y Vasti se divorciaron, sirvientes del rey decidieron realizar un concurso de belleza para escoger a la siguiente reina. *"Y dijeron los criados del rey, sus cortesanos: Busquen para el rey jóvenes vírgenes de buen parecer"* (Ester 2:2).

El rey Asuero nombró oficiales para ir a las 127 provincias de su reino a buscar a las mujeres más hermosas del imperio. Entre aquellas mujeres estaba una adorable muchacha judía llamada Hadasa, que significa "mirto". Desde luego, nadie sabía que ella era judía porque se le conocía con el nombre de Ester, que significa "estrella". Los padres de Ester habían muerto, y ella vivía con su primo Mardoqueo (véase Ester 2:7). Con la ayuda de Mardoqueo, Ester había estado viviendo entre el pueblo persa "en el armario", con su herencia judía cuidadosamente oculta.

Puedo pensar en ocasiones en que podría ser "conveniente" dejar que nuestros valores cristianos se deslicen. Por ejemplo, piense en la madre soltera que está un poco preocupada de que los pósteres que hay en las paredes del cuarto de su hijo adolescente sean en cierto modo seductores. Esa madre sabe que su hijo tiende a ser rebelde y que se enoja con facilidad. ¿Debería insistir en que su hijo quite los pósteres, o debería sencillamente "dejarlo como está" y dar gracias a Dios de que al menos su hijo no está consumiendo drogas o en una pandilla callejera?

Si esa madre quiere hacer a su hijo adolescente resistente a Satanás, entonces tiene que poner en práctica principios piadosos en su hogar. No puede dejar tranquila la situación; ella tiene que salir del armario y crear una conmoción en la vida de su hijo.

Relacionemos eso con Ester, que no reveló su herencia judía y pasó a ganar el concurso de belleza.

> *Y la doncella agradó a sus ojos* [de Hegai, el guarda de las mujeres del rey], *y halló gracia delante de él, por lo que hizo darle prontamente atavíos y alimentos, y le dio también siete doncellas especiales de la casa del rey; y la llevó con sus doncellas a lo mejor de la casa de las mujeres.*
>
> (Ester 2:9)

¿Cuántos de ustedes, esposos cristianos, se molestan cuando sus esposas pasan demasiado tiempo en el salón de belleza? Puede que su esposa tome tres o cuatro horas, pero Ester necesitó un año entero para estar preparada para conocer al rey. ¡Imagine bañarse en exquisitos perfumes y baños de exóticos aceites durante todo un año! A veces cuando llego a casa de la peluquería, mi esposo, Wally, se burla de mí diciendo: "Ah, supongo que no pudieron darte una cita hoy". A pesar de su intento de humor, yo sé que Wally aprecia el que yo cuide de mi aspecto.

Es triste decirlo, pero muchas mujeres piensan que el proceso de embellecimiento termina justamente después de la boda. Lo cierto es que entonces es cuando todo comienza. Ya lo sé; algunas veces es necesario más esfuerzo del que puede que queramos realizar, pero nosotras las mujeres tenemos que salir de nuestros armarios de complacencia y hacer ese esfuerzo extra. Creo que cuidar de su aspecto físico e higiene es una parte de hacer su matrimonio resistente a Satanás. Créame: si no le importa cómo se ve o huele usted, dentro de no mucho tiempo situará a su esposo en una posición vulnerable en la que podría ser tentado por el diablo a desviarse de su matrimonio.

Ester pasó un año entero preparándose para presentarse ante el rey, y obtuvo favor con todo aquel que la veía (véase Ester 1:15). ¿Sabe que Dios puede darle favor con personas no salvas?

Quiero alentarles a ustedes, jóvenes; puede que crean que a nadie le caerán bien si son ustedes cristianos. Pero si son ustedes fieles a Dios, Él les dará favor y les hará personas de influencia en su escuela. Dios les usará como un canal para bendecir a otras personas. Primero tienen que salir del armario y hacer saber a los demás que aman a Jesús, y entonces Dios les bendecirá.

Cuatro años después de la gran fiesta de 180 días en la que la reina Vasti se rebeló, Ester finalmente fue llevada ante Asuero, y ella debió de haber sido una verdadera maravilla.

> *Y el rey amó a Ester más que a todas las*
> *otras mujeres, y halló ella gracia y benevo-*
> *lencia delante de él más que todas las de-*
> *más vírgenes; y puso la corona real en su*
> *cabeza, y la hizo reina en lugar de Vasti.*
>
> (Ester 2:17)

Asuero se casó con Ester, y aquella joven muchacha judía se convirtió en su reina. A veces, cuando leo el libro de Ester, me pregunto por Mardoqueo. Después de todo, él estuvo alentando a Ester a permanecer "en el armario" y ocultar el hecho de que ella era parte del pueblo escogido de Dios. Aunque Ester se casó con Asuero, Mardoqueo le dijo que siguiera ocultándose (véase Ester 2:20). Ambos no tenían idea alguna de que serían los instrumentos de providencia de Dios en una gran crisis que se cernía sobre el horizonte.

SEA UNA ESTRELLA QUE BRILLA EN LA OSCURIDAD

Realmente disfruto al estudiar sobre la providencia de Dios. Es maravilloso saber que nosotros los creyentes seguimos siendo la provisión de Dios para las personas en el mundo, a pesar de que a veces le fallemos. Hay muchas veces en que permitimos que las presiones de la vida nos obstaculicen para llevar la luz de Dios a una situación.

Hace años, una de nuestras fieles voluntarias decidió que me sorprendería pintando una de las habitaciones de la escuela dominical en nuestra iglesia. Ella eligió el color, y ella y su hijo pintaron la habitación. Cuando mi esposo me llevó a la habitación, yo miré las paredes y dije: "¡Qué color más horrible!". Yo no sabía que la mujer y sus hijos estaban ocultos en el armario. Desde luego, ¡aquella preciosa mujer quedó devastada! Salió corriendo de la iglesia, y yo salí corriendo tras ella, disculpándome y pidiéndole que me perdonase. Cuando ella entró en su auto, yo acerqué mi cabeza a la ventanilla para decirle lo mucho que lo sentía, pero ella subió el cristal y se fue.

¿No diría usted que, como esposa de pastor, yo lo arruiné todo? Tiene razón; lo hice. Por tanto, fui a casa y oré al respecto, y creo que el Señor puso en mi espíritu Colosenses 1:20:

> *Y por medio de él* [Jesús] *reconciliar consigo todas las cosas, así las que están en la tierra como las que están en los cielos, haciendo la paz mediante la sangre de su cruz.*

Me arrepentí de mis actos, apliqué la sangre de Jesús a la situación, y pedí a Dios que me reconciliase con aquella mujer a la que había herido. Antes de que terminase la noche, ella me llamó y me dijo: "Marilyn, no puedo estar enojada con usted. Mi padre está enfermo, y necesito que ore usted conmigo".

Seamos sinceros: ¡simplemente no podemos hacerlo todo bien siempre! Por eso es tan alentador saber que cuando lo echamos todo a perder, Dios puede seguir usándonos

> **Es tan alentador saber que cuando lo echamos todo a perder, Dios puede seguir usándonos como estrellas para reflejar la luz de Jesucristo y disipar la oscuridad que intenta cubrir la tierra.**

como estrellas para reflejar la luz de Jesucristo y disipar la oscuridad que intenta cubrir la tierra.

¿Ha habido alguna vez un momento en su vida en que no ha reflejado la luz de Cristo, quizá en una situación de testimonio? Algunos de ustedes pueden pensar que testificar es lo más difícil del mundo. Puede que digan: "Oh, me da demasiada vergüenza hablar a extraños", o "Cada uno tiene que encontrar su propio camino; no voy a forzar sobre nadie mis creencias religiosas".

¡Tonterías! ¿Piensa usted así? Entonces necesita salir del armario si quiere ser alguien que hace resistente a Satanás. Quizá usted no testificará como la persona que tiene al lado, pero los creyentes deben ser testigos del poder de Dios en la tierra. A medida que siga pasando tiempo orando y desarrollando su relación con nuestro maravilloso Padre celestial, creo que Dios le ayudará a entender mejor lo que Él quiere que usted haga. Dios le ayudará a salir de su armario y le utilizará para reflejar el amor de Cristo, piense usted que lo está haciendo correctamente o no.

Es interesante ver cómo Dios sacó a Ester de su armario y la utilizó para iluminar una situación oscura. Dios sin duda obtuvo mucha ventaja de la posición de Ester como reina de Persia, porque su relación con el rey salvó a los israelitas de una destrucción segura.

Entonces sucedió algo muy interesante a Mardoqueo:

En aquellos días, estando Mardoqueo sentado a la puerta del rey, se enojaron Bigtán y Teres, dos eunucos del rey, de la guardia

de la puerta, y procuraban poner mano en
el rey Asuero.   (Ester 2:21)

¡Mardoqueo había oído a aquellos hombres como planearon asesinar al rey! Él enseguida dio la noticia a Ester, los dos asesinos en potencia fueron atrapados y colgados, y la vida de Asuero quedó a salvo. Desgraciadamente, el rey no supo que era Mardoqueo quien había salvado su vida. La Biblia sólo dice que *"fue escrito el caso en el libro de las crónicas del rey"* (versículo 23). No se había mostrado ninguna gratitud a Mardoqueo por su lealtad. Sólo mucho después, cuando el rey repasaba las crónicas históricas, descubrió lo que Mardoqueo había hecho por él. ¿Siente algunas veces que nadie observa las cosas buenas que usted hace?

Yo creo que muchos jóvenes con frecuencia sienten que nadie observa nunca las cosas buenas que hacen. Los padres, somos rápidos para señalar sus errores, ¿pero les elogiamos igualmente por sus logros? Ellos con frecuencia se ven confrontados con la presión de los compañeros en la escuela; están bajo un nivel de tentación que puede que nosotros nunca hayamos experimentado, y están intentando verdaderamente permanecer fieles a Dios. Entonces, cuando llega el momento de obtener una pareja para la fiesta de grado, con frecuencia las muchachas cristianas no obtienen peticiones. ¿Por qué? Porque ser fiel a los principios de Dios les ha hecho impopulares, y ser impopular es muy importante para una adolescente, especialmente si ella espera que le pidan ser pareja en el baile.

Necesitamos alentar a los jóvenes y reconocerlo cuando ellos vencen un obstáculo, estudian mucho para un tema que aborrecen, dicen no a las drogas o se niegan a participar en el "sexo seguro". Los padres debemos tener cuidado con el modo en que nos relacionamos con nuestros hijos. Nos guste o no, ellos seguirán nuestro ejemplo al decidir si salir del armario y compartir su fe con sus iguales.

Niéguese a ceder

Aproximadamente cinco años después de que Ester hubiera sido coronada reina, el rey ascendió a Amán a la posición de principal consejero. Como la mano derecha de Asuero, Amán estaba muy orgulloso y tenía una ardiente pasión por ser exaltado por encima de todos los demás. Debido a su elevada posición en el imperio persa, Amán era respetado, y las personas se inclinaban ante él; todos excepto Mardoqueo (véase Ester 5:9).

Aunque los sirvientes del rey advirtieron repetidamente a Mardoqueo sobre no inclinarse ante Amán, Mardoqueo no cedió. En cambio, se mantuvo en su terreno y se negó a reverenciar a Amán.

Mardoqueo no estaba siendo rebelde; estaba obedeciendo la enseñanza judía que le prohibía inclinarse y adorar a un hombre. También, yo creo que Mardoqueo probablemente sabía que Amán era descendiente de los amalecitas, que eran antiguos enemigos de los israelitas y eran considerados malditos (véase Deuteronomio 25:19).

En cualquier caso, Mardoqueo no se inclinó, ¡y Amán estaba furioso! Él sabía que Mardoqueo era judío, y odiaba a los judíos porque los israelitas habían derrotado a sus ancestros, los amalecitas, en una guerra bajo el liderazgo de Moisés. Por tanto, Amán no sólo quería poner sus manos sobre Mardoqueo, sino también poner en movimiento un plan diabólico para destruir a todos los judíos en el imperio persa.

¿No suena todo eso como algo que el diablo haría? No todos los judíos habían ofendido a Amán; sólo Mardoqueo había hecho eso. Se ha sabido que nosotros los cristianos hacemos montañas de granos de arena cuando somos ofendidos. Muchas veces, permitimos que una diminuta e insignificante ofensa crezca hasta alcanzar una proporción tan grande que se hace difícil poner las cosas otra vez en perspectiva.

¿Se ha encontrado usted alguna vez en una situación parecida? Yo sí. Pero he aprendido que cuando trato los problemas de otras personas según la Biblia, Dios ilumina la situación y vuelve a ponerla en consonancia con su Palabra cada vez.

> **Cuando trato los problemas de otras personas según la Biblia, Dios ilumina la situación y vuelve a ponerla en consonancia con su Palabra cada vez.**

Como contraste, Amán utilizó la tradición y la calumnia para convencer al rey Asuero y que firmase una orden para *"destruir, matar y exterminar"* (Ester 3:13) a todos los judíos en las 127 provincias del imperio persa. En mi opinión, ¡las cualidades de liderazgo de Asuero eran de lo peor! En primer lugar, se permitió llegar a emborracharse tanto que demandó que su esposa se degradase delante de un puñado de hombres borrachos. Después siguió el terrible consejo de sus consejeros de divorciarse de Vasti porque ella se negó a obedecerle. Entonces, el rey escogió a su nueva esposa, Ester, mediante un concurso de belleza. Y ahora vemos a este supuesto gran rey permitiéndose ser manipulado para afirmar un documento irreversible ¡que crearía un "período abierto" para la matanza del pueblo de Dios!

La Biblia dice que cuando el diabólico decreto ordenando el asesinato del pueblo judío se promulgó, el rey y Amán se sentaron a tomar unas copas. Pero el pueblo de Susa quedó perplejo porque los persas no tenían ningún odio en particular por el pueblo judío. Que su rey hubiera emitido este decreto parecía bastante fuera de lo normal (véase Ester 3:15).

Yo creo que eso es exactamente lo que hace el diablo con nuestras circunstancias. Muchas veces, cuando estamos experimentando una crisis, puede que el diablo esté influenciando los pensamientos o los actos de las personas involucradas. Pero, como personas que hacemos resistentes a Satanás, hemos tomado la decisión de salir de nuestros armarios y permitir que la luz de Dios brille con fuerza en toda situación potencialmente oscura.

Veíamos cómo Mardoqueo y Ester salieron del armario de la complacencia y comenzaron a contrarrestar la sentencia pronunciada contra el pueblo judío. Cuando Mardoqueo descubrió lo que Amán había hecho, rasgó sus vestiduras y comenzó a clamar en voz alta y con amargura en medio de la ciudad. También, un gran clamor surgió en cada provincia que recibió el decreto del rey. El pueblo judío comenzó a ayunar y a clamar a Dios. Finalmente, los asistentes de Ester le dijeron lo que había sucedido. Ella lo confirmó con Mardoqueo, y Mardoqueo le dijo a Ester que ella necesitaba presentarse ante el rey e interceder por el pueblo judío (véase Ester 4:1–8).

Después de todos aquellos años de ocultarse en el armario de la complacencia, Ester tuvo que "armar problemas" y defender a su pueblo. Aquello presentaba un grave problema, porque no era la costumbre que la reina se presentase a ver al rey sin primero ser llamada. Hacía un mes que Ester no era llamada por su esposo, y si ella se presentaba en la corte, el rey podría haberla matado (véase versículo 11). Naturalmente, Ester vaciló. Pero Mardoqueo le dijo: *"No pienses que escaparás en la casa del rey más que cualquier otro judío"* (versículo 13). En otras palabras, Mardoqueo tan sólo le estaba recordando a Ester que si todos los judíos morían, ella también moriría. Quizá Ester se había vuelto tan cómoda viviendo una mentira, ¡que en realidad había olvidado que también ella era judía!

Eso no es difícil de entender. Yo creo que muchos cristianos niegan o han olvidado que son las manos de Cristo extendidas en la tierra. Cuando Cristo estaba físicamente en la tierra, predicaba el evangelio, sanaba a los enfermos, alimentaba a los pobres y liberaba a las personas del diablo. Dios quiere creyentes que hagan lo mismo: primero en nuestros hogares, luego en nuestras comunidades, y después en el mundo.

Escuchemos lo que dijo Ester cuando salió de su armario:

> *Ve y reúne a todos los judíos que se hallan en Susa, y ayunad por mí... y si perezco, que perezca.* (versículo 16)

Después de tres días, Ester se arregló y entró en la corte. Había algo especial en Ester porque, cuando Asuero la vio, le extendió su cetro de oro indicando que debía acercarse (véase Ester 5:1–2).

Mire, llega un momento en que Dios nos llama a cada uno a un fuerte compromiso y debemos decir: "Aunque no le caiga bien a nadie o todos me rechacen, te amo, Padre, y voy a obedecerte". Ester salió del armario e hizo ese compromiso.

¿Observó que Ester no sólo entró apresuradamente a la presencia del rey? En cambio, primero se preparó ella misma interiormente. Yo creo que es importante practicar esto en nuestras vidas actualmente. Cualquier cosa que hagamos para Dios, ya sea testificar, imponer manos sobre personas, distribuir comida o simplemente relacionarnos con otras personas, incluyendo nuestros familiares, necesitamos estar espiritualmente en consonancia con la Palabra de Dios. Junto con la preparación interior, también necesitamos estar preparados exteriormente porque el modo en que nos presentamos tiene mucho que ver con la manera en que las personas responden a nosotros.

Ester invitó al rey Asuero y a Amán a cenar con ella. Estoy segura de que ella era una anfitriona muy buena, porque los dos hombres aceptaron una segunda invitación para cenar con Ester también la noche siguiente.

Amán, siendo un hombre orgulloso, estaba totalmente entusiasmado. Fue a su casa y le dijo su esposa:

También la reina Ester a ninguno hizo venir con el rey al banquete que ella dispuso, sino a mí; y también para mañana estoy convidado por ella con el rey. Pero todo esto de nada me sirve cada vez que veo al judío Mardoqueo sentado a la puerta del rey.

(Ester 5:12–13)

La esposa de Amán, Zeres, quizá no tan impresionada por su invitación, se agradó lo bastante para aconsejar a su esposo. *"Hagan una horca de cincuenta codos de altura, y mañana di al rey que cuelguen a Mardoqueo en ella; y entra alegre con el rey al banquete"* (versículo 14). Lleno de orgullo, Amán siguió el malvado consejo de su esposa.

Aquella misma noche, el rey Asuero no podía dormir. *"Y dijo que le trajesen el libro de las memorias y crónicas, y que las leyeran en su presencia"* (Ester 6:1). Cuando leyeron el libro de las crónicas, se recordó al rey el intento de asesinarle, y se le mostró que fue Mardoqueo quien salvo la situación.

Y dijo el rey: ¿Qué honra o qué distinción se hizo a Mardoqueo por esto? Y respondieron los servidores del rey, sus oficiales: Nada se ha hecho con él. (versículo 3)

Justamente entonces, Amán entró para hablar con Asuero sobre colgar a Mardoqueo.

Y el rey le dijo: ¿Qué se hará al hombre cuya honra desea el rey? (versículo 6)

Amán tenía un ego tan tremendo que pensó que el rey se estaba refiriendo a él.

Para el varón cuya honra desea el rey, traigan el vestido real de que el rey se viste, y

> *el caballo en que el rey cabalga, y la corona*
> *real que está puesta en su cabeza; y den el*
> *vestido y el caballo en mano de alguno de*
> *los príncipes más nobles del rey, y vistan*
> *a aquel varón cuya honra desea el rey, y*
> *llévenlo en el caballo por la plaza de la ciu-*
> *dad, y pregonen delante de él: Así se hará*
> *al varón cuya honra desea el rey.*
>
> (Ester 6:7–9)

Amán se alegró cuando el rey estuvo de acuerdo con su sugerencia. Inmediatamente, su alegría se convirtió en conmoción cuando el rey dijo:

> *Date prisa, toma el vestido y el caballo,*
> *como tú has dicho, y hazlo así con el judío*
> *Mardoqueo, que se sienta a la puerta real;*
> *no omitas nada de todo lo que has dicho.*
>
> (versículo 10)

Estoy segura de que Mardoqueo quedó igualmente conmocionado cuando vio a Amán llegar con toda aquella finura. Probablemente no podía creer lo que estaba oyendo cuando Amán le condujo por toda la ciudad diciendo:

> *Así se hará al varón cuya honra desea el rey.*
>
> (versículo 11)

Dios tiene su manera de cambiar las situaciones, ¿verdad? Si nosotros los cristianos salimos de nuestros armarios de complacencia y cumplimos los planes de Dios para nuestras vidas, grandes bendiciones fluirán a nuestras vidas; y de nuestras vidas a otros.

Desgraciadamente para Amán, no fluyeron bendiciones a su vida. Los sirvientes del rey le llevaron a la cena de Ester, y el rey probablemente estaba ansioso por saber lo que Ester quería. Finalmente, ella dijo:

Oh rey, si he hallado gracia en tus ojos, y si al rey place, séame dada mi vida por mi petición, y mi pueblo por mi demanda. Porque hemos sido vendidos, yo y mi pueblo, para ser destruidos, para ser muertos y exterminados. Si para siervos y siervas fuéramos vendidos, me callaría; pero nuestra muerte sería para el rey un daño irreparable.

(Ester 7:3–4)

Ester abrió el telón de su vida y admitió su verdadera identidad. Me encanta la valentía de Ester. Cuando ella tomó una decisión, no se echó atrás en su compromiso.

Cuando Amán escuchó lo que la reina había dicho, ¡supo que estaba condenado! El rey Asuero se molestó tanto que salió a dar un paseo por el huerto. Lleno de preocupación, Amán corrió hasta la reina y cayó sobre el sofá donde ella se reclinaba. No creo que Amán estuviera intentando violar a Ester, pero cuando el rey Asuero los vio, seguramente lo creyó. *"¿Querrás también violar a la reina en mi propia casa?"* (versículo 8).

El rey Asuero hizo que arrestaran a Amán, y fue colgado en la misma horca que él había hecho construir para Mardoqueo. Entonces, el rey dio a Ester todas las propiedades de Amán. Cuando Ester explicó que Mardoqueo era su primo, Asuero le honró otra vez, y Ester dio la casa de Amán a Mardoqueo.

La ley persa no permitía que un decreto fuese revocado, así que el rey escribió otra carta otorgando al pueblo judío el derecho a defenderse contra cualquiera que intentase matarles. Asuero promulgó este segundo decreto en todas las provincias, *"y los judíos tuvieron luz y alegría, y gozo y honra"* (Ester 8:16).

La fecha que había sido pensada para el comienzo de la matanza de los judíos,

> *Los judíos se reunieron en sus ciudades... y nadie los pudo resistir, porque el temor de ellos había caído sobre todos los pueblos.*
>
> (Ester 9:2)

Cuanto más desarrolle usted su relación con Dios, mas en paz estarán sus enemigos con usted.

Todo el pueblo judío fue salvo porque dos personas, Ester y Mardoqueo, salieron de sus armarios y ocuparon sus lugares como pueblo de Dios.

De igual modo, cuanto más desarrolle usted su relación con Dios, mas en paz estarán sus enemigos con usted. Proverbios 16:7 dice:

> *Cuando los caminos del hombre son agradables a Jehová, aun a sus enemigos hace estar en paz con él.*

Cuando usted sale de su armario de complacencia y comienza a mostrar el amor y el poder de Dios en su vida, algunos de sus enemigos se convertirán en cristianos; ¡quienes antes estaban contra usted estarán a favor de usted! ¿Por qué? Porque usted es alguien que hace resistente a Satanás y no tienen miedo a dejar que la luz de Jesucristo brille con fuerza su vida. Y cuando las personas contemplen el amor de Dios por medio de usted, serán atraídas a Jesús, cuya vida, muerte y resurrección hace posible que todos los hombres reciban vida eterna.

Capítulo 5

Marque su casa

Ha conocido alguna vez alguien que pensara que estaba "destinado al infierno"? Hay personas que realmente creen que el infierno es su destino. Pero yo quiero decirle que el infierno —el lugar de tormento eterno— no es el destino de las personas. El infierno fue preparado específicamente para el diablo y sus ángeles (véase Mateo 25:41).

Permita que aclare la diferencia entre *destino* y *destinar*. *Destino* significa "algo a lo cual una persona o cosa está destinada; fortuna; curso predeterminado de eventos que con frecuencia llegan a ser un poder o agencias irresistibles". *Destinar* significa "decretar de antemano; predeterminar; designar, asignar o dedicar de antemano; dirigir, desarrollar o apartar para un propósito o lugar específicos".

El punto principal en el que quiero centrarme aquí es que un *destino* normalmente es inevitable o irresistible mientras que *destinar* es apartar, destacar, marcar.

Recibí un poderoso testimonio de un hombre que se denomina a sí mismo "el llanero solitario". Él escribió: "Yo conducía un todoterreno y hacía en la tierra todo lo que era pecado, incluyendo drogas y

98

alcohol, y me iba con prostitutas regularmente aunque tenía una esposa y tres hijos en casa".

Posteriormente, la esposa de este hombre murió, y sus hijos le aborrecían y le culpaban de la muerte de su madre. El llanero solitario robó la camioneta que había estado conduciendo, y este conductor de cincuenta años de edad terminó en la cárcel.

Por su estilo de vida, este hombre sin duda puede que pareciera "condenado al infierno", pero quiero decirle que Dios había *marcado* al llanero solitario. ¡Este hombre estaba *destinado* a hacer de nuevo! Su nuevo nacimiento tuvo lugar mientras estaba en la cárcel. Dios lo liberó de sus adicciones y le dio una nueva esposa y familia. Ahora él es el "nuevo llanero solitario", y es un tremendo testigo de la misericordia y la gracia de Dios.

Marque a sus seres queridos

Jesucristo ha hecho posible que las personas alcancen la meta que Dios nos ha destinado a lograr: la vida eterna. *"Porque de tal manera amó Dios al mundo, que ha dado a su Hijo unigénito, para que todo aquel que en él cree, no se pierda, mas tenga vida eterna"* (Juan 3:16).

Todas las personas están destinadas —apartadas para un uso particular— a sojuzgar la tierra y ser bendecidas (véase Génesis 1:27–28). Dios creó a las personas a su imagen, y estamos destinados —marcados— para dar fruto y gobernar la tierra; pero antes debemos renovar nuestra mente y ser conformados a la imagen de Cristo (véase Romanos 8:29; 12:2). La renovación de nuestra mente comienza con el arrepentimiento.

Dios desea que todas las personas se arrepientan y nazcan de nuevo para que puedan pasar la eternidad con Él en el cielo. Esta verdad se comunica en 2 Pedro 3:9:

El Señor no retarda su promesa, según algunos la tienen por tardanza, sino que es paciente para con nosotros, no queriendo que ninguno perezca, sino que todos procedan al arrepentimiento.

> **Dios quiere que las personas cambien de opinión y lleguen a nacer de nuevo para así obtener la meta que Dios ha destinado para todas las personas: vivir eternamente con Jesucristo.**

Una definición de la palabra arrepentimiento es "cambiar de opinión". Dios quiere que las personas cambien de opinión y lleguen a nacer de nuevo para así obtener la meta que Dios ha destinado para todas las personas: vivir eternamente con Jesucristo. ¿No es ese el motivo de que Jesús viniera, muriera y resucitara? Sí, y Dios decidió antes de la fundación del mundo que sus preciosas creaciones humanas estarían destinadas a recibir vida eterna por medio de Jesucristo.

Como personas que hacen resistente a Satanás, tenemos la tarea de marcar nuestras casas para Dios. Debemos destacar o dejar una impresión en nuestros seres queridos poniéndonos nosotros mismos de acuerdo con la voluntad de Dios para sus vidas.

Permita que le dé un ejemplo. Por años, mi esposo Wally y yo oramos por uno de nuestros parientes que era homosexual. Muchos de nuestros seres queridos están atrapados en la esclavitud. Si alguien a quien usted ama participa en esta terrible perversión, asegúrese de ponerse usted mismo de acuerdo con la perspectiva de Dios sobre el *pecador* individual en lugar de cómo considera usted el *pecado*.

Por favor, no crea que estoy tomando a la ligera la homosexualidad. Es un pecado terrible; y la Biblia dice que *"la paga del pecado es muerte"* (Romanos 6:23). Pero Dios ama a todas las personas, incluyendo las homosexuales; no su pecado sino a la persona. Aunque la homosexualidad es un pecado, no es un pecado *imperdonable* (véase Lucas 12:10). Por tanto, comencemos a orar por nuestros seres queridos para que ellos puedan situarse en el camino correcto y recibir lo que Dios ha destinado para sus vidas.

Wally y yo *marcamos* a ese pariente para Jesús. Nos pusimos de acuerdo con la voluntad de Dios para su vida. En el nombre de Jesús, persistimos en reprender a Satanás y atar los espíritus malignos que estaban involucrados. Regularmente oramos por él y seguimos llamando la atención de Dios sobre su vida; también marcamos una impresión en su vida compartiendo con él la Palabra de Dios y permitiendo que el maravilloso amor de Dios brillase en su vida por medio de nosotros. Un día, este hombre aceptó a Cristo y fue lleno del Espíritu; ahora visita diferentes iglesias y da un tremendo testimonio sobre el poder de Dios para librar a las personas del pecado.

Cuando usted recibe a Cristo como su Salvador y nace de nuevo, realmente marca a sus seres queridos para recibir a Cristo como Salvador también:

"*Cree en el Señor Jesucristo, y serás salvo, tú y tu casa*" (Hechos 16:31).

Cuando los cristianos comenzamos a hacer a nuestros familiares resistentes a Satanás, en realidad tomamos parte en *marcarlos*, destacarlos o llamar la atención de Dios a ellos. Es fácil hacerlo. Puede usted comenzar en este momento a marcar su casa orando: "Padre, gracias por todos mis seres queridos, y los marco para ti. En el poderoso nombre de Jesús, ¡afirmo que ellos son nacidos de nuevo, llenos del Espíritu y disponibles para que tú los utilices en tu reino!".

Hay algo más que Dios ha destinado para las personas y que quiero que usted vea: la llenura de su Espíritu Santo.

> *Y en los postreros días, dice Dios, derramaré de mi Espíritu sobre toda carne, y vuestros hijos y vuestras hijas profetizarán; vuestros jóvenes verán visiones, y vuestros ancianos soñarán sueños; y de cierto sobre mis siervos y sobre mis siervas en aquellos días derramaré de mi Espíritu, y profetizarán.*
>
> (Hechos 2:17–18)

¡Qué tremenda época en la historia de los tratos de Dios con la humanidad! Dios continuará derramando su Espíritu hasta que haya caído sobre "*toda carne*". Esto significa que el regalo del Espíritu Santo de Dios está a disposición de *todos* nuestros seres queridos.

Cuando mi hija Sarah era sólo un bebé, yo la marqué con Joel 2:28: "*Y después de esto derramaré mi Espíritu sobre toda carne, y profetizarán vuestros hijos y vuestras hijas; vuestros ancianos soñarán sueños, y vuestros jóvenes verán visiones"*.

Reclamé esta Escritura para que ella naciera de nuevo y fuera bautizada en el Espíritu Santo. Un día, cuando tenía cuatro años, Sarah dijo: "Mamá, después de que me lleves a la cama esta noche, me despertaré, y Dios va a bautizarme con el Espíritu Santo, y voy a orar en lenguas". Yo pensé: *Bueno, ella ha oído eso en la escuela dominical, y lo dice porque sabe que me agradará.* Pero no se lo dije a ella; en cambio, dije: "Sarah, ¡eso será maravilloso!".

Cuando la metí en la cama, Sarah se quedó dormida inmediatamente. Más adelante, cuando fui a verla, ella estaba sentada en su cama, ¡sonriendo y *orando en lenguas*! Yo la había *marcado* para que recibiera lo que Dios había destinado para ella: el regalo del Espíritu Santo.

MARQUE A SUS HIJOS PARA DIOS

Marcar a nuestros hijos para Dios no es nada nuevo. Ana marcó a su hijo para Dios, incluso antes de quedarse embarazada. *"E hizo voto, diciendo: Jehová de los ejércitos, si... dieres a tu sierva un hijo varón, yo lo dedicaré a Jehová todos los días de su vida"* (1 Samuel 1:11).

Realmente admiro la fe de Ana. Ella pudo fácilmente haberse desalentado y deprimido, pues su esposo, Elcana, tenía otra esposa, Penina, que ya tenía hijos. Ana no había podido concebir y, basándose en la costumbre de entonces, soportaba la vergüenza de su esterilidad con pesadez en su corazón, pero oró y lloró amargamente delante del Señor, quien oyó sus oraciones y las respondió.

Quizá usted o alguien a quien conoce desea concebir un hijo, pero los médicos le han dicho que es imposible. Tome aliento; cuando Wally y yo nos casamos, queríamos tener hijos pero nos dijeron que no podíamos tener un bebé. Cada doctor al que visitamos me dijo que yo había heredado problemas de esterilidad, y que por eso era imposible que yo tuviera un niño.

Tengo que admitir que mi fe vaciló, pero no la de Wally. Un día, le pregunté: "¿Cómo permanece tan firme tu fe?". Él respondió: "Porque tengo la fe de Jesús, Marilyn".

Trece años después de casarnos, di a luz a una adorable niña.

Sarah ciertamente fue nuestro bebé milagro, y marcamos su vida según las metas de Dios para sus hijos. Ella ha crecido y se ha convertido en una joven adorable, nacida de nuevo y llena del Espíritu. Se graduó de la Universidad Oral Roberts, y en la actualidad es colaboradora en mi ministerio, enseñando en la televisión y también en iglesias y conferencias por todo el mundo. (Si parezco una mamá orgullosa, es porque lo soy).

Ana también acudió al Señor y dijo: "Señor, si me das un hijo yo te lo entregaré otra vez a ti, y él te servirá todos los días de su vida". Dios se acordó de Ana. Ella y su esposo tuvieron un hijo y le llamaron Samuel, que significa "oído de Dios". La madre de Samuel realmente había marcado su vida con una meta piadosa para que fuese un siervo del Señor.

¿Sabía usted que cuando dedicamos a nuestros hijos a Dios en realidad los estamos marcando para el servicio a Dios? Y por fe, también podemos marcar a nuestros hijos antes de que sean concebidos. Podemos orar: "Padre, te doy gracias por los hijos que traeré a este mundo. Te pido que los bendigas, y los reclamos para tu reino. Ellos no se desviarán a derecha ni a izquierda, sino que te servirán para siempre".

¿Sabía usted que cuando dedicamos a nuestros hijos a Dios en realidad los estamos marcando para el servicio a Dios?

¿Qué estamos haciendo? Estamos diciendo: "Dios, me pongo de acuerdo con las metas externas que tú has establecido para las vidas de mis hijos. Yo voy a orar por ellos, testificarles y enseñarles según tu Palabra, y confío en ti para el resto".

Proverbios 22:6 dice: *"Instruye al niño en su camino, y aun cuando fuere viejo no se apartará de él"*. Eso hizo Ana: crió a Samuel según la Palabra de Dios y, en el momento adecuado, llevó a Samuel a estudiar bajo el sumo sacerdote, Elí. No pudo haber sido fácil para Samuel vivir con Elí, porque Elí sin duda no era un hombre muy piadoso. Él ciertamente no había marcado a sus hijos para el Señor, ¡porque ellos eran terribles! Sin embargo, era necesario que Samuel viviera en ese ambiente.

¿No nos recuerda eso las terribles tentaciones que nuestros hijos afrontan actualmente en la escuela? ¿Y en los programas de televisión que quieren ver? ¿En la música que prefieren? Por eso nosotros, como padres cristianos, debemos hacer a nuestros hijos resistentes a Satanás marcándolos para Dios a una edad temprana. Yo creo que parte de la razón por la cual Samuel no se desvió a pesar de todo el pecado que le rodeaba fue que su madre le había *marcado* por Dios. Ana literalmente hizo a Samuel resistente a Satanás, y nosotros podemos hacer lo mismo por nuestros hijos en la actualidad.

MARQUE A SUS HIJOS CON ORACIÓN

Un verano, una amiga me escribió y compartió que había perdido a su esposo por una mujer que estaba involucrada en la brujería. El esposo también había trasladado a sus hijos para que vivieran con él y con aquella mujer durante cuatro meses. Satanás realmente quería obtener una gran victoria del pecado del esposo, pero...

> Dios los protegió [a sus hijos] por medio de mis oraciones y por medio de las oraciones de muchas otras personas. Gloria a Dios, ahora ellos están otra vez conmigo y han aceptado Jesús en sus corazones. Ahora les va muy bien.

Esta madre marcó a sus hijos; se negó a permitir que el diablo los robara. ¿Cómo? Con oración ferviente. Santiago 5:16 dice: *"La oración eficaz del justo puede mucho"*. La palabra *eficaz* puede significar "muy caliente: resplandeciente": ¡eso es terriblemente caliente! Con sus ardientes oraciones, esta tenaz mujer había unido su voluntad a lo que Dios había destinado para sus hijos, ¡y el diablo tuvo que apartar sus manos!

Si yo preguntase quién oró por su salvación, muchos de ustedes probablemente responderían: "Mi madre" o "Mi abuela". Esa persona le marcó para lo que Dios tenía destinado que usted recibiera: la salvación y el bautismo del Espíritu Santo.

Me encanta lo que Kenneth Copeland compartió una vez cuando estaba visitando nuestra iglesia. Nos dijo que, en una ocasión, él había estado hablando con Dios y le había dicho: "Dios, trata conmigo con respecto a cada cosa *pequeña* que haga. Otros ministerios se salen con la suya en cosas, pero tú siempre estás a mis espaldas". El Señor le había respondido: "¡La razón de que siempre esté a tus espaldas es porque *tu madre* está a mis espaldas!". La madre de Kenneth Copeland había estado haciendo ardientes oraciones por su hijo, manteniéndole en el lugar donde pudiera hacer lo que Dios había destinado para él.

¿Ha escuchado alguna vez el testimonio de Kenneth Copeland? Cuando era joven, era tan rebelde como yo haya oído jamás. Incluso fue en motocicleta por los pasillos de su escuela porque había visto a su "ídolo" de las películas hacerlo. Ken pronto se metió en las drogas, la bebida, el cigarro, ¡y toda la confusión! Pero ¿se imagina lo que su madre estaba haciendo siempre que él llegaba a su casa a las dos o las tres de la madrugada? Lo imaginó: estaba de rodillas, marcando a su hijo para el servicio a Dios. Ella decía: "Mi hijo está marcado. No importa lo que suceda a su alrededor, yo he marcado a Ken para ti, ¡y él no se va a escapar!".

Sus ardientes oraciones mantuvieron la atención de Dios centrada en su hijo. Dios dio un giro completo a la vida de Kenneth Copeland, y él se ha convertido en un poderoso hombre de Dios.

De modo parecido, las ardientes oraciones de Ana movieron a Dios a que se acordase de ella, y se quedó embarazada de Samuel (véase 1 Samuel 1:19–20). Yo creo que Ana siguió haciendo ardientes oraciones por Samuel mientras él estaba con Elí. Sin duda, Samuel sabía que él estaba marcado. Comenzó a conocer la voz de Dios a muy temprana edad, cuando *"Jehová llamó a Samuel; y él respondió: Heme aquí"* (1 Samuel 3:4).

Al igual que marcar a Samuel funcionó para Ana y marcar a Kenneth Copeland funcionó para su madre, marcar a nuestros hijos funcionó para Wally y yo. ¡Y marcar a sus hijos funcionará para usted!

El profeta Jeremías también había sido marcado, y él registró la revelación que el Señor le hizo sobre esa verdad: *"Antes que te formase en el vientre te conocí, y antes que nacieses te santifiqué, te di por profeta a las naciones"* (Jeremías 1:5).

La palabra *santificar* significa "apartar para un propósito sagrado o para el uso religioso". ¿No le resulta familiar? Recuerde que *destinar* también significa "apartar". Dios había destinado a Jeremías para que le sirviera en el oficio de profeta.

Mire, yo me enojo mucho cuando pienso en el aborto. Verdaderamente es el crimen más horrendo cometido contra los niños. Mi corazón llora por los millones de bebés asesinados, al igual que por sus mamás, quienes con frecuencia sufren un terrible trauma emocional después.

La Biblia muestra claramente que Dios nos ha destinado antes de la fundación del mundo para ser hechos a su imagen; sin embargo, personas equivocadas se engañan a sí mismas creyendo que el aborto es una forma aceptable de control de la natalidad. Yo creo firmemente que esta horrible práctica ha traído una maldición sobre nuestro país.

Sin duda, Dios ama a las mujeres. Y desde luego, ¡las mujeres tienen derechos! Pero Dios también ama a los bebés. No tenemos ningún derecho en absoluto a decidir qué bebés deberían vivir o morir, porque *todas* las personas son *marcadas* por Dios para recibir vida eterna mediante el arrepentimiento y el nuevo nacimiento, y también para recibir el bautismo del Espíritu Santo.

Amigos, no hay duda alguna en que el aborto es asesinato. Nosotros los cristianos necesitamos comenzar a proteger a nuestros propios hijos e hijas contra la posibilidad de ser engañados por esta astuta mentira del diablo. Necesitamos comenzar a hacer a nuestros hijos, nietos y bisnietos resistentes a Satanás hasta que Jesús regrese. ¡Necesitamos marcarlos para Dios y hacer oraciones ardientes por ellos!

¿Y si la madre de Jeremías le hubiera abortado? Habríamos perdido a uno de los mayores profetas de todos los tiempos. Y consideremos las palabras del apóstol Pablo:

> *Pero cuando agradó a Dios, que me apartó desde el vientre de mi madre, y me llamó por su gracia, revelar a su Hijo en mí, para que yo le predicase entre los gentiles.*
> (Gálatas 1:15–16)

¿Cuándo había sido marcado Pablo? Mientras estaba en el vientre de su madre, al igual que lo había sido Jeremías siglos antes. Ahora bien, quiero mostrarle que aunque a veces nos apartamos de lo que Dios ha destinado para nosotros, Él seguirá tratando con nosotros hasta que nos pongamos en consonancia con su voluntad para nuestras vidas.

> **Aunque a veces nos apartamos de lo que Dios ha destinado para nosotros, Él seguirá tratando con nosotros hasta que nos pongamos en consonancia con su voluntad para nuestras vidas.**

Pablo tenía una actitud que era totalmente impía. Pablo era un legalista, un fariseo. Aunque había sido marcado para predicar el evangelio de Jesucristo, hizo todo lo posible para destruir a los cristianos.

Cuando Pablo estaba en camino a Damasco para perseguir a más cristianos, tuvo un tremendo encuentro con Jesucristo. Dios derribó a tierra a Pablo y realmente captó su atención. Entonces hizo saber a Pablo que había sido marcado, diciendo en efecto: "Pablo, tú eres mi hombre marcado; ahora levántate, sigue adelante y sírveme a mí" (véase Hechos 9:3–6, 15).

Pablo hizo precisamente eso y pasó a convertirse en el mayor apóstol que el mundo haya conocido jamás, aparte de Jesucristo. Debido a la obediencia a Dios de Pablo, la puerta a la salvación se abrió para el mundo gentil (no judío), ¡y eso nos incluye a usted y a mí! Pablo escribió al menos catorce libros en el Nuevo Testamento. Dios había destinado a Pablo para estar en su servicio, y Dios ciertamente no permitió que Pablo escapase a su llamado.

Hay una mujer en mi plantilla que a una edad muy joven se metió en un estilo de vida de pecado de abuso de drogas e inmoralidad. Su hermana fue salva y oró por esta mujer, quien finalmente nació de nuevo y fue llena del Espíritu. Dios la liberó de su adicción a las drogas y la condujo a Denver, donde ella siguió creciendo hasta convertirse en una cristiana madura, ¡y se convirtió en una maravillosa esposa y madre! Ella ha trabajado duro y llegado hasta una posición administrativa en mi ministerio. ¿Cómo sucedió eso? Yo creo que la hermana de esta mujer la hizo resistente a Satanás y la marcó; al hacer ardientes oraciones, ella se unió a la voluntad de Dios para la vida de su hermana.

MARQUE A SUS HIJOS CON FE

Quiero hablar de un hombre que nació durante una época en la que el faraón de Egipto había ordenado que todos los bebés varones fueran lanzados al río Nilo. ¿Sabía que me estaba refiriendo a Moisés? Los padres de Moisés, Amram y Jocabed, se negaron a permitir que su precioso hijo fuera asesinado por cocodrilos.

Por la fe Moisés, cuando nació, fue escondido por sus padres por tres meses, porque le vieron niño hermoso, y no temieron el decreto del rey. (Hebreos 11:23)

Los padres de Moisés le ocultaron en una cesta, situándolo en medio de los arbustos donde se sabía que la hija del faraón se bañaba. Me encanta cómo reaccionó la hija del faraón cuando destapó a Moisés: *"Y cuando la abrió, vio al niño; y he aquí que el niño lloraba. Y teniendo compasión de él, dijo: De los niños de los hebreos es éste"* (Éxodo 2:6). ¿Cómo supo ella que Moisés era un hebreo? Sus padres habían *marcado* a Moisés con la circuncisión, que era la marca de Dios para su pueblo del pacto.

Yo creo que cuando el diablo mira al hijo de unos padres cristianos, debería hacerle decir: "¡Oh no! Es un niño cristiano que ha sido marcado para el servicio a Dios. ¡No voy a desperdiciar mi tiempo aquí porque sé que este niño ha sido hecho resistente a Satanás por las ardientes oraciones de sus padres!".

Cuando estudiamos Hebreos 11, vemos que habla de la fe de Moisés. ¿Por qué tenía tanta fe Moisés? Porque sus padres habían establecido la marca de la fe en él.

> **Cuando usted enfatiza la importancia de servir a Dios, también sus hijos creerán que es importante.**

Si quiere usted hacer a sus hijos resistentes a Satanás, entonces marque sus vidas con fe. Permita que ellos le vean vivir por fe, leer la Palabra de Dios, orar y asistir a la iglesia. Cuando usted enfatiza la importancia de servir a Dios, también sus hijos creerán que es importante. Puede que ellos no quieran servir a Dios desde el principio, pero si usted permanece, Dios les ayudará.

Quiero alentarle a que deje de murmurar sobre su iglesia delante de sus hijos. Algunos van a la iglesia y después, de camino de regreso a casa, dicen: "Bueno, los ujieres no fueron muy amigables", "En realidad no me gustó el mensaje hoy", "El pastor hace demasiado ruido cuando adora", o alguna otra frase parecida. ¡Y después se preguntan por qué sus hijos no quieren ir a la iglesia! Se debe a que usted los ha marcado con palabras negativas. Si quiere hacer a sus hijos resistentes a Satanás y marcarlos para el servicio a Dios, entonces es mejor que comience a hablar bien de su iglesia para que también sus hijos la estimen.

Nunca es demasiado tarde

Sé que muchos estarán diciendo: "Bien, Marilyn, yo acepté a Jesús como mi Salvador a una edad muy avanzada en mi vida. Mis hijos ya han crecido; es demasiado tarde". Deje que le asegure que nunca es demasiado tarde. Mi madre se convirtió en cristiana cuando yo tenía diecinueve años, y fue entonces cuando ella comenzó a marcarnos a mi hermano y a mí. Lo primero que ella hizo fue poner Biblias en todas las mesas y mesitas de nuestra casa; después pegó versículos de la Biblia en la puerta del refrigerador y alrededor del fregadero; ¡debería haber visto nuestro cuarto de baño! Por toda la casa leíamos Escrituras como: *No te maravilles de que te dije: Os es necesario nacer de nuevo*" (Juan 3:7). ¿Qué estaba haciendo mi madre? Nos estaba marcando para Dios.

No importa si es usted un padre o una madre de veinticinco años o de noventa; comience a hacer a sus hijos resistentes a Satanás, sean cuales sean sus edades, marcándolos con la Palabra de Dios (¡y no olvide esas ardientes oraciones!). Sus hijos puede que piensen que usted está un poco loco, pero está bien; ¡márquelos, de todos modos!

Salmos 127:3–5 dice:

He aquí, herencia de Jehová son los hijos; cosa de estima el fruto del vientre. Como saetas en mano del valiente, así son los hijos habidos en la juventud. Bienaventurado el hombre que llenó su aljaba de ellos; no será avergonzado cuando hablare con los enemigos en la puerta.

Sus hijos son sus saetas o flechas, y ellos irán en la dirección en la cual usted les indique. Por eso el libro de Proverbios enseña a los padres cristianos que instruyan a sus hijos por el camino en el que deberían ir (véase Proverbios 22:6). Cuando nuestros hijos crezcan, no se apartarán de esa enseñanza. Puede que se aparten durante un tiempo, pero al final regresarán a los caminos piadosos que les enseñamos.

Cuando usted enseña a sus hijos según la Palabra de Dios, está marcando su dirección; los está convirtiendo en flechas derechas que hablarán "*con los enemigos en la puerta*". ¿Qué significa eso? Significa que cuando marcamos a nuestros hijos, en realidad les estamos enseñando a permanecer firmes contra el enemigo. Finalmente, nuestros hijos tendrán que ser capaces de tratar con Satanás. Hágase la pregunta: *¿Estoy preparando a mis hijos para estar firmes contra los dardos de fuego del enemigo?*

¿Recuerda lo que Dios dijo sobre Abraham antes de que naciera Isaac?

Porque yo sé que mandará a sus hijos y a su casa después de sí, que guarden el camino de Jehová, haciendo justicia y juicio, para que haga venir Jehová sobre Abraham lo que ha hablado acerca de él.

(Génesis 18:19)

Abraham sabía lo importante que era enseñar a sus hijos sobre Dios. Sabía que tenían que ser marcados, y su hijo Isaac ciertamente conocía y servía a Dios.

Es muy importante que usted enseñe a sus hijos a servir a Dios. Quiero mostrarles tres maneras en que puede marcar a sus hijos: (1) mediante la enseñanza, (2) al no provocarlos a ira, y (3) tratándoles igual que su Padre celestial le trata a usted.

Instruyéndolos

Un modo de marcar a sus hijos es enseñándolos. Usted dice: "Los llevo a la escuela dominical y a la reunión de jóvenes entre semana". Pero en realidad ¿son suficientes dos horas y media por semana de enseñanza para preparar a un niño para estar firme contra las asechanzas del diablo? No lo creo. Nuestros hijos deben aprender la Palabra de Dios diariamente, y también hay que orar por ellos regularmente. Los devocionales familiares diarios en el desayuno o en la cena son una manera excelente de hacer eso.

No provocarlos

Cuando estamos marcando a nuestros hijos, debemos tener en mente lo que Pablo escribió en Efesios 6:4: *"Y vosotros, padres, no provoquéis a ira a vuestros hijos, sino criadlos en disciplina y amonestación del Señor".*

Desde luego, debemos disciplinar a nuestros hijos, pero mientras estamos corrigiendo y moldeando su voluntad, debemos tener cuidado de no quebrantar su espíritu. Lo más importante que puede dar usted a sus hijos es una buena autoimagen. Cuando sus hijos necesiten reprensión, hágalo, pero diga: "Sé que te has portado mal, y voy a corregirte castigándote; pero te quiero, y tengo confianza en que no volverás a hacerlo otra vez". Edifíquelos siempre.

Usted puede evitar que Satanás se haga cargo de las emociones de su hijo durante períodos de corrección pronunciando palabras apacibles. Proverbios 15:1, 4 dice: *"La blanda respuesta quita la ira; mas la palabra áspera hace subir el furor... La lengua apacible es árbol de vida; mas la perversidad de ella es quebrantamiento de espíritu"*. La crítica siempre debería ser constructiva. Recuerde que la proporción de aliento y crítica constructiva debería ser del 90 por ciento de aliento y el 10 por ciento de crítica.

Tratarlos como Dios le trata a usted

Otra cosa que quiero compartir sobre marcar a sus hijos es que realmente necesita tratarlos tal como Dios le trata a usted. Usted dice: "Marilyn, no sé si puedo manejar eso". Yo sé que no puede hacerlo en lo natural; sin embargo, usted tiene una nueva naturaleza, está siendo conformado a la imagen de Cristo y eso le hace sobrenatural.

Veamos cómo trata Dios a las personas: Él es rápido para perdonarnos, nos ama incondicionalmente, nunca nos abandona, es misericordioso y compasivo hacia nosotros, y nos enseña. En Cristo, usted puede tratar a sus hijos con el mismo amor e interés que Dios tiene por usted.

Lo último que quiero decir sobre marcar su casa tiene que ver con los creyentes que viven con cónyuges que no son salvos. Algunos se "equivocan" por completo cuando se trata de su esposo o esposa no salvos. ¡Es casi como si usted sospechara que su cónyuge podría ser el diablo mismo!

Recuerde el versículo en 1 Corintios que leímos anteriormente.

Porque el marido incrédulo es santificado en la mujer, y la mujer incrédula en el marido; pues de otra manera vuestros hijos serían inmundos, mientras que ahora son santos.
(1 Corintios 7:14)

Un cónyuge creyente santifica —aparta, marca o llama la atención de Dios— toda la casa. Por tanto, no lo tenga todo calculado si su cónyuge no es salvo. Siga haciendo a sus seres queridos resistentes a Satanás y marcando su casa para Dios. Siga orando en el Espíritu Santo, enviando a Dios esas ardientes oraciones. Siga permitiendo que el amor de Jesús se derrame en su casa. Siga pronunciando las promesas de Dios sobre sus seres queridos. Y sobre todo, permanezca en fe creyendo que Dios se moverá según sus promesas y hará su obra perfecta en la vida de sus seres queridos.

Capítulo 6

Siembre y coseche milagros

Qué es un milagro? El diccionario define *milagro* como "un acontecimiento extraordinario que manifiesta intervención divina en asuntos humanos". Los milagros normalmente causan bastante conmoción en las vidas de los no creyentes, a quienes resulta difícil aceptar que haya un Dios todopoderoso que a veces cambia el orden natural de las cosas y hace milagros.

Pero en el cuerpo de Cristo sabemos que cuando nuestro Padre celestial hace un milagro —algo por encima de las capacidades humanas o naturales—, Él sencillamente está dando a conocer su presencia en el mundo. Por tanto, deberíamos aceptar los milagros como una parte normal de la existencia. En este capítulo voy a mostrarle cómo puede experimentar el poder milagroso de Dios cuando comienza usted a sembrar milagros en las vidas de otros.

A veces me pregunto por qué tan pocos cristianos experimentan el maravilloso y milagroso poder de Dios en sus vidas. Caminar en lo milagroso debería ser una actividad normal y cotidiana para los cristianos. Contrariamente a lo que muchos de ustedes pueden pensar, los milagros no están limitados a las vidas de personas que usted cree que son "súper cristianas". Se producen milagros en las vidas de creyentes *normales y corrientes* como usted y yo, que han sido capacitados por un Dios *extraordinario* para lograr cosas sobrenaturales.

Cuando usted recibió a Cristo como su Salvador, literalmente se convirtió en un milagro. Por el poder de Dios, usted entró en una nueva esfera: una esfera sobrenatural en la cual lo imposible se hace posible debido a la *fe*. ¿Qué fe? Su fe en Jesucristo, que le permite estar firme y vivir según cada palabra que sale de la boca de Dios.

La Palabra de Dios dice que los creyentes recibirán poder: "*Pero recibiréis poder, cuando haya venido sobre vosotros el Espíritu Santo*" (Hechos 1:8). La palabra griega aquí para "*poder*" es *dunamis*, que significa "poder milagroso; capacidad, abundancia, significado, fuerza; poder, fortaleza, violencia y obra poderosa" (*Strong's* 1411). Obtenemos la palabra *dinamita* de *dunamis*. La *dunamis* de Dios —su poder milagroso— que opera en su vida le dará la capacidad de levantarse y ser fuerte en el Espíritu Santo. Usted se convertirá en una fuerza explosiva en la esfera espiritual.

Si usted es un creyente lleno del Espíritu, entonces el poder milagroso

> **Como alguien que hace resistente a Satanás, usted es el receptor de algo extraordinario que sobrepasa todas las capacidades humanas o naturales: el Espíritu Santo.**

de Dios está en su interior. Como alguien que hace resistente a Satanás, usted es el receptor de algo extraordinario que sobrepasa todas las capacidades humanas o naturales: el Espíritu Santo.

Hay otra palabra para *"poder"* que quiero que veamos. Consideremos Lucas 10:19:

> *He aquí os doy potestad de hollar serpientes y escorpiones, y sobre toda fuerza del enemigo, y nada os dañará.*

En esta Escritura, *"toda fuerza del enemigo"* se considera un poder milagroso.

La Biblia da muchos ejemplos de milagros hechos por demonios, comenzando cuando la serpiente habló con Eva:

> *Pero la serpiente... dijo a la mujer: ¿Conque Dios os ha dicho: No comáis de todo árbol del huerto?* (Génesis 3:1)

¿Puede imaginarse manteniendo una conversación con una serpiente? Eso sin duda se calificaría como un acontecimiento extraordinario que sobrepasara toda capacidad humana: un milagro.

¿Y cuando Moisés estuvo ante faraón? Los adivinos egipcios realizaron casi exactamente los mismos milagros que hizo Moisés: sus varas se convirtieron en serpientes, hicieron que las aguas en el río Nilo se convirtieran en sangre, y causaron que salieran ranas en plaga (véase Éxodo 7:12; 8:7). Aquellos acontecimientos, aunque eran extraordinarios, sin duda alguna no fueron causados por Dios.

Ahora regresemos a Lucas 10:19, donde dice: *"Potestad de hollar serpientes y escorpiones"*. Aquí, la palabra griega utilizada para *"potestad"* es *exousia*, que significa "jurisdicción, libertad, poder, derecho, fuerza" (*Strong's* 1849).

El *poder* milagroso de Satanás palidece totalmente cuando se compara con la *autoridad* de Dios. ¡Dios ha dado autoridad *y* poder milagroso a los creyentes para que pisoteen al diablo! Y no hay duda de que cuando usted comienza a sembrar milagros en las vidas de otros, va a tener que pisarle los dedos al diablo.

Usted recibió la autoridad de Dios en el momento en que nació de nuevo, y si ha sido bautizado en el Espíritu Santo, ha recibido el poder milagroso de Dios. Por tanto, cuando piense en hacer su casa resistente a Satanás sembrando milagros, quiero que sepa que Dios le ha equipado para manejar este desafío. ¡Usted puede hacerlo por medio de Jesucristo!

Fuera lo viejo, póngase lo nuevo

Como dije anteriormente, los cristianos deberían estar involucrados en lo milagroso como un acontecimiento normal. ¿Qué nos detiene? Yo creo que el poder de Dios tiene obstáculos para operar en nuestras vidas cuando nos enredamos en nuestra vieja naturaleza. Por diversas razones, a veces albergamos pensamientos, actitudes o emociones negativas como falta de perdón, amargura, enojo y resentimiento. Estas cosas son productos de nuestra vieja naturaleza y, créame, evitarán que el poder milagroso de Dios fluya con libertad en nuestras vidas.

Niéguese a ser gobernado por las emociones

Quiero hablarle sobre sus emociones. A veces, es fácil volverse negativo. Casi se me rompe el corazón cuando oigo sobre el terrible sufrimiento que algunos han experimentado a manos de otros. Tienen razones para estar enojados y heridos; esas son las respuestas emocionales normales.

¿Pero sabía que sus emociones proporcionan uno de los parques de juegos favoritos de Satanás? Puede que usted tenga una respuesta emocional normal a una situación, pero Satanás puede invadir sus emociones y entonces, antes de que usted se dé cuenta, esa respuesta normal puede convertirse en un estado de pecado. Se nos ordena, sin embargo, no pecar en nuestro enojo: *"Airaos, pero no pequéis... ni deis lugar al diablo"* (Efesios 4:26–27).

Si quiere usted sembrar milagros en las vidas de otros, entonces necesitará hacer sus emociones resistentes a Satanás. Dios sabe que usted puede que se enoje algunas veces, pero si permite que Satanás hinche sus emociones, su enojo puede convertirse en odio. Puede haber momentos en que usted experimentará desengaño; si no tiene cuidado, Satanás puede intensificar sus sentimientos y usted puede volverse gravemente deprimido y desalentado. Pero esas cosas negativas son parte de nuestra vieja naturaleza, y no podemos experimentar el poder milagroso de Dios si les permitimos que nos dominen. Dios quiere que todos seamos resistentes a Satanás y venzamos nuestra vieja naturaleza

Dios quiere que todos seamos resistentes a Satanás y venzamos nuestra vieja naturaleza para poder operar en nuestra nueva naturaleza regularmente.

para poder operar en nuestra nueva naturaleza regularmente. Es entonces cuando los creyentes comienzan a andar en lo milagroso.

Quiero hablarle sobre una genuina resistente a Satanás que literalmente sembró milagros en la vida de su enemigo. Hace años, una mujer en nuestra ciudad acudió a mí y compartió que su hija, alumna de la escuela bíblica de unos treinta y tantos años, había sido apuñalada hasta morir. ¡Qué tragedia tan horrible! La madre me contó que había caído en una profunda depresión como resultado de su terrible tristeza. Poco después se había amargado contra Dios y había amontonado mucho odio por el asesino, quien, después de haber quitado la vida a muchas más mujeres, finalmente había sido detenido.

Un sábado en la noche, Dios habló a mi amiga y le dijo: "Si no perdonas a ese asesino, yo no puedo perdonarte, porque si no perdonas las ofensas de otros yo no puedo perdonar las tuyas". Quizá ella sentía que tenía derecho a estar enojada y herida, pero Dios insistió en que perdonase a ese hombre.

Por tanto, esta querida mujer se acercó a Dios y, por fe, perdonó al asesino de su hija. Al día siguiente, Dios le dio una oportunidad de poner en práctica su fe, y al hacerlo, ella sembró un milagro en la vida de aquel hombre. Los Gedeones acudieron a su iglesia, y ella hizo un donativo para Biblias. Entonces, ella pidió a uno de los Gedeones que fuera y presentara personalmente una Biblia al asesino de su hija, que estaba en la cárcel.

Sí, imagino usted lo que sucedió después: Dios hizo un milagro en el corazón del asesino, y él se convirtió en un cristiano victorioso. ¡Literalmente se convirtió en un misionero en aquella cárcel!

La mujer se compró un milagro en la vida de este hombre pagando los materiales de su curso cuando él se matriculó en una escuela bíblica por correspondencia. Un día, ella me dijo: "Marilyn, el diablo asesinó a mi hija, que iba a ser misionera, pero Dios, en su gran misericordia, tomó al asesino de mi hija y le convirtió en misionero en un lugar donde mi hija nunca podría haber ido". Amigos, *¡eso fue un milagro!*

¿Cómo sucedió? Esta mujer ciertamente tenía derecho a estar enojada y herida. ¡Aquel hombre había asesinado brutalmente a su hija! Fuese de modo consciente o inconsciente, él se había permitido a sí mismo ser utilizado por el diablo y había hecho daño a muchas personas. Pero ¿permitió mi amiga que Satanás convirtiera su enojo en odio? ¡No! Ella sembró un milagro en la vida de aquel hombre y cosechó un tremendo milagro en su propia vida: la paz que sobrepasa todo entendimiento, la cual le produjo consuelo por la muerte de su hija. Aquello fue extraordinario, ¡y ciertamente sobrepasó toda capacidad humana!

Mi amiga tomó autoridad sobre cualquier esfuerzo del mal que el diablo quisiera realizar en sus emociones. Por fe, ella salió de la esfera de sus emociones y entró en la esfera de lo sobrenatural: ¡lo milagroso! Al hacerlo, ella se convirtió en un canal para que la autoridad y el poder milagroso de Dios alcanzasen la vida del asesino. Esos milagros probablemente no se habrían producido si la mujer hubiera estado operando según sus emociones. Ella sembró un milagro, y siguen multiplicándose milagros cada vez que otro prisionero es salvo.

Todos necesitamos hacer nuestras emociones resistentes a Satanás. Amigos, permitan que diga que uno de los principales obstáculos que el diablo utilizará para evitar que usted reciba los milagros de Dios es que usted se mantenga operando en sus emociones: su vieja naturaleza. Sin embargo, mediante Cristo Jesús, usted ha recibido la autoridad de Dios para salir de la esfera de sus emociones y entrar en la esfera de lo sobrenatural: su nueva naturaleza.

En su nueva naturaleza, usted puede sembrar bendiciones y milagros en las vidas de otros, incluso de sus enemigos. Después de todo, sus enemigos (los humanos) sólo son víctimas que han permitido de modo consciente o inconsciente al diablo manipularles para hacer daño. Cuando usted comience a bendecir a esas personas y sembrar milagros en sus vidas, entonces comenzará a caminar en lo milagroso de manera más coherente en su propia vida.

Usted puede decir: "La Escritura dice que tengo autoridad para pisar serpientes y escorpiones. Yo creía que eso significaba el diablo, no mis emociones". ¡Tiene razón! Pero el diablo puede agrandar sus emociones negativas hasta un nivel peligroso y, si no tiene usted cuidado, sus emociones pueden descontrolarse fácilmente. Cuando eso sucede, es probable que usted termine en estado de pecado.

Mi amiga podría haber permitido que el diablo invadiera sus emociones y convirtiera el proceso normal de tristeza en amargura. Hay pocos aguijones más mortales que el de una vida vivida en amargura. Y al igual que el veneno de una serpiente puede destruirle, así también la amargura y el enojo pueden destruir sus relaciones, sus esperanzas y sus sueños.

Permítame alentar a quienes han tenido experiencias dolorosas con otras personas: deben comenzar a hacer sus emociones resistentes a Satanás, teniendo

> **El Espíritu Santo *en usted* le hace más que suficiente para vencer cualquier sentimiento o pensamiento negativo que usted pueda albergar contra alguien.**

en mente que su Padre celestial es El-Shaddai: "El Señor que es más que suficiente". Su Espíritu Santo *en usted* le hace más que suficiente para vencer cualquier sentimiento o pensamiento negativo que usted pueda albergar contra alguien. Usted ya no se centrará en la cosa terrible que alguien pueda haberle hecho; en cambio, se centrará en Jesucristo, y comenzará a operar en su nueva naturaleza. Cristo en usted le sacará de lo ordinario y le llevará a lo extraordinario y usted responderá a sus adversarios con amor. Es su *actitud* hacia otras personas lo que determina su *altitud* en el poder milagroso de Dios.

Siembre el milagro del perdón

Probablemente todos hayamos tenido a alguien que abusó de nosotros verbalmente, emocionalmente o físicamente. Y si algo malo le sucede a esa persona, nuestra inclinación probablemente sea pensar: *¡Bien, bien! Eso es lo que se merece.* Pero esa es realmente una fea actitud que sale directamente de nuestra vieja naturaleza. El libro de Proverbios nos advierte contra esta actitud, diciendo: "*Cuando cayere tu enemigo, no te regocijes, y cuando tropezare, no se alegre tu corazón; no sea que Jehová lo mire, y le desagrade, y aparte de sobre él su enojo*" (Proverbios 24:17–18).

Este versículo no se refiere a nuestro verdadero enemigo, el diablo, sino a otras personas que nos hacen daño. Independientemente de cuáles sean las circunstancias, Dios dice: "Sé cómo te sientes, pero *no te alegres* de las catástrofes de otro, porque eso me desagradará".

La Biblia es bastante clara cuando habla sobre cómo debemos tratar a nuestros enemigos. Jesús dijo:

> *Amad a vuestros enemigos, bendecid a los que os maldicen, haced bien a los que os aborrecen, y orad por los que os ultrajan y os persiguen.* (Mateo 5:44)

Debemos sembrar milagros en las vidas de nuestros enemigos; debemos amarles, bendecirles, orar por ellos y hacerles bien. Ahora bien, su vieja naturaleza no quiere hacer esas cosas, pero su nueva naturaleza —la que recibió cuando nació de nuevo— quiere hacer bien a todas las personas.

Dios quiere liberarle del pensamiento negativo y las actitudes equivocadas que salen de su vieja naturaleza. Él quiere que usted se convierta en alguien que hace resistente a Satanás; quiere que usted salga de la esfera de sus emociones para poder alcanzar lo sobrenatural y hacer milagros para usted mismo y para otros también.

Milagros en sus emociones

Muchos puede que piensen en este momento: *Sencillamente no puedo controlar mis emociones.* Pero eso simplemente no es cierto porque, en Cristo, usted todo lo puede (véase Filipenses 4:13). La Biblia contiene muchos ejemplos de creyentes que escogieron servir a Dios en lugar de servir a sus emociones;

y no todos son grandes nombres como Jesús, Elías, Moisés o tampoco Pablo. Algunos de sus nombres ni siquiera se mencionan; la sirvienta de la esposa de Naamán, por ejemplo. En un período en la historia de Israel, Siria se había acercado repetidamente y atacado al pueblo de Dios. El comandante en jefe del ejército sirio era un hombre llamado Naamán (véase 2 Reyes 5:1). En una de sus campañas contra Israel, los sirios habían tomado cautiva a una muchacha judía que se convirtió en una sirvienta de la esposa de Naamán.

Imagine el trauma emocional que aquella muchacha debió de haber experimentado al ser raptada de su casa y obligada a ser esclava por los sirios. Entonces, un día, ella se enteró de que el esposo de su señora tenía la terrible enfermedad de la lepra. Debió de haber sido difícil para ella resistir el impulso de alegrarse por la calamidad de Naamán y decir: "Él me robó de mis padres, mi iglesia y mi vida. ¡Se merece tener lepra porque mató a muchos de mis familiares!". Pero ella no se alegró; en cambio, le dijo a su señora: "*Si rogase mi señor al profeta que está en Samaria, él lo sanaría de su lepra*" (2 Reyes 5:3).

Quiero comparar la respuesta de la sirvienta de la esposa de Naamán con la respuesta de una mujer que fue obligada a soportar un tipo distinto de esclavitud. Una de mis alumnas en la escuela bíblica compartió que desde los siete a los dieciséis años de edad, el hermano de su madrastra había abusado de ella sexualmente. Muchas veces, ella acudió a sus padres y les dijo que había sido esclava de la conducta enfermiza de aquel hombre, pero ellos no la creyeron. Ella se quedó embarazada, y mediante algunas circunstancias muy dolorosas, tuvo un aborto.

Alabo a Dios porque esa joven finalmente salió de aquel ambiente abusivo, y en la actualidad es nacida de nuevo y llena del Espíritu. Ha realizado trabajo misionero en África, Japón, Corea y las islas Vírgenes. Se necesitó tiempo, pero Dios la ha sanado emocionalmente y físicamente del daño que le infligieron cuando era una niña.

Un día, el tío que había abusado de ella se cayó de una escalera y se hizo daño; sus médicos le dijeron que nunca volvería a caminar. Ahora veamos cómo Dios hizo un milagro en esa situación. Si la joven se hubiera permitido operar según su vieja naturaleza, podría haberse alegrado por la calamidad del hombre que había destruido su preciosa niñez. En cambio, ella sembró un milagro en la vida de él: ¡perdonó a su abusador! ¡Y después le condujo al Señor! ¡En la actualidad él, su esposa y la mayoría de sus hijos han sido salvos y están sirviendo a Dios!

Sinceramente, la mayoría de nosotros queremos ver en nuestras propias vidas milagros de Dios, pero rara vez queremos sembrar milagros en las vidas de otras personas, especialmente las vidas de nuestros enemigos. Pero deje que le diga que sembrar y cosechar y pedir milagros van juntos, como hermanos siameses.

Veamos lo que sucedió cuando la sirvienta judía de la esposa de Naamán resistió el impulso de alegrarse por la desgracia de Naamán. Ella sembró un milagro en la vida de Naamán sugiriendo que fuese a ver al profeta Eliseo. Naamán visitó a Eliseo y fue sanado milagrosamente de la lepra. Pero no sólo fue sanado de la enfermedad. El mayor milagro se produjo en el corazón de Naamán, porque *"volvió al varón de Dios, él y toda su compañía, y se puso delante de él, y dijo: He aquí ahora conozco que no hay Dios en toda la tierra, sino en Israel"* (2 Reyes 5:15).

Naamán no vuelve a mencionarse otra vez como alguien que dirigió un ataque contra Israel. ¿Por qué? Porque su vida fue cambiada, y ya no siguió siendo el enemigo de Israel. *"Cuando los caminos del hombre son agradables a Jehová, aun a sus enemigos hace estar en paz con él"* (Proverbios 16:7).

A veces, los creyentes entramos en una peculiar mentalidad. Vemos en acción el maravilloso poder milagroso de Dios en la vida de otra persona, pero nos negamos a aceptar milagros en nuestra propia vida.

A un hombre en nuestra iglesia le resultaba difícil creer que la sanidad divina fluyera tan fácilmente en nuestra congregación. Él no creía que las personas pudieran tener un dolor tan agudo un momento y librarse por completo de él al momento siguiente. Entonces, él se hizo daño en una pierna. Cuando llegó a la iglesia, su pierna estaba hinchada, azulada y tenía mucho dolor. El Espíritu Santo nos condujo a tener un servicio de sanidad, y —lo habrá imaginado— nuestro amigo, que había tenido mucho dolor en un momento, quedo totalmente libre de dolor al momento siguiente.

El poder milagroso de Dios no afectó al rey sirio; él siguió atacando a Israel una y otra vez. Sin embargo, sus ejércitos nunca tuvieron éxito para sorprender a los israelitas, pues ellos siempre parecían saber cuándo y dónde iba a atacar su enemigo. Fue natural que el rey de Siria supusiera que había un traidor en su campamento, y demandó saber quién era el sucio traidor. Y un sirviente respondió: *"No, rey señor mío, sino que el profeta Eliseo está en Israel, el cual declara al rey de Israel las palabras que tú hablas en tu cámara más secreta"* (2 Reyes 6:12).

Eliseo sin duda alguna era un tremendo hombre de fe. Por fe, ¡Eliseo oía al rey hacer planes secretos para atacar a Israel en la intimidad de la cámara real! La Biblia dice: *"Las cosas secretas pertenecen a Jehová nuestro Dios; mas las reveladas son para nosotros"* (Deuteronomio 29:29).

Debido a que Dios conoce los planes secretos de los hombres, puede dirigirnos por su Espíritu para que no caigamos en las trampas del enemigo. Yo creo que los cristianos a veces creemos que si no golpeamos a nuestros enemigos, nuestros enemigos nos golpearán a nosotros. Pero podría decirle que si usted permanece fiel a Dios, Él le mostrará los secretos de sus enemigos y le protegerá de ellos. ¿Y qué quiere Dios que usted haga con lo que Él le revele de sus enemigos? Quiere que usted los bendiga, ore por ellos y siembre milagros en sus vidas. La capacidad de hacer esas cosas viene de nuestra nueva naturaleza, de nuestra naturaleza de fe.

> **Debido a que Dios conoce los planes secretos de los hombres, puede dirigirnos por su Espíritu para que no caigamos en las trampas del enemigo.**

Una vez recibí una carta de una mujer en Dallas que describía cómo Dios había tratado con ella con respecto a participar en un negocio de libros para adultos. Ella puso fin a su participación y después desafió a su esposo a que hiciera lo mismo. Sin embargo, él se negó y escogió seguir participando en la pornografía en lugar de mantener su matrimonio con aquella valiente señora cristiana. Ella decía en su carta:

> Mientras mi esposo y yo estábamos separados, él se familiarizó con una muchacha que era prostituta y adicta a la cocaína. Al principio yo estaba enojada, amargada y realmente herida. Mis oraciones parecían no tener respuesta.
>
> Entonces, un día me habló una voz, diciendo: "¡Lee sobre el perdón!". Hice una oración y pronuncié primero el nombre de mi esposo, y después el nombre de la muchacha, perdonándolos a los dos. La paz, el amor y el gozo que encontré y sentí en aquel momento no podría describirlo. Fue verdaderamente la paz que sobrepasa todo entendimiento. Después de aquella oración comencé a abrir mis ojos y mi corazón hacia aquella muchacha. Por trece meses oré por ella: comiendo, durmiendo y respirando por su salvación.

Finalmente, el matrimonio de la mujer fue restaurado, y "la otra mujer" terminó en la cárcel. Mientras estaba encarcelada, esa mujer recibió a Cristo como su Salvador, ¡y comenzó a dar testimonio a las guardias de la prisión y las otras prisioneras!

¿Ve lo que sucedió? Ella fue traicionada por su esposo y herida por otra mujer, y permitió que el diablo invadiera su reacción emocional normal e hiciera que se convirtiese en amargura y resentimiento, que eran parte de su vieja naturaleza. En el momento en que ella acudió a su vieja naturaleza, sus oraciones no recibieron respuesta. Amigos, mientras estén en su vieja naturaleza, no experimentarán el poder milagroso de Dios en su vida.

Cuando esta mujer salió de la esfera de sus emociones y entró en la esfera de lo sobrenatural, Dios intervino en su situación y produjo un cambio. ¿Le resultó fácil lograrlo? No, pero en su nueva naturaleza —la naturaleza semejante a Cristo—, amar a su enemigo se volvió posible.

Protección divina

Cuando comience a sembrar milagros en las vidas de sus "enemigos", no se sorprenda cuando el diablo apunte realmente hacia usted. Aquel rey sirio ordenó a sus sirvientes que encontrasen a Eliseo, diciendo: "*Id, y mirad dónde está, para que yo envíe a prenderlo. Y le fue dicho: He aquí que él está en Dotán*" (2 Reyes 6:13).

Eliseo estaba en la ciudad de Dotán, que significa "doble decreto". Cuando usted siembra un milagro en la vida de otra persona, obtendrá un doble milagro: uno en la vida de él y otro en su propia vida también.

Siempre me sorprende que el rey sirio sintiera que era necesario enviar a tantos soldados para capturar a Eliseo: "*Entonces envió el rey allá gente de a caballo, y carros, y un gran ejército, los cuales vinieron de noche, y sitiaron la ciudad*" (versículo 14).

Todos aquellos soldados intentaban acercarse sigilosamente a Eliseo en medio de la noche, pero recordemos que Dios revelaba los planes de ellos a Eliseo. Aunque él sabía que ellos llegarían, ¿cree que Eliseo estaba nervioso? ¡De ninguna manera! Eliseo operaba en la esfera sobrenatural, la esfera de la fe. Ahora bien, su sirviente era quien tenía el problema; él estaba totalmente aterrorizado.

Veamos lo amorosamente que Eliseo trató con su sirviente. Eliseo no se lanzó a su garganta diciendo: "No debes tener miedo. ¿No has estado escuchando lo que te he enseñado?". En cambio, Eliseo sembró un milagro en la vida de su sirviente.

> *Y oró Eliseo, y dijo: Te ruego, oh Jehová, que abras sus ojos para que vea. Entonces Jehová abrió los ojos del criado, y miró; y he aquí que el monte estaba lleno de gente de a caballo, y de carros de fuego alrededor de Eliseo.*
> (2 Reyes 6:17)

Eliseo oró por un milagro, y la oración es el medio principal mediante el cual usted verá el poder milagroso de Dios fluyendo también en su vida. Eliseo sembró un milagro mediante la oración, y aquel joven siervo vio la protección divina que Dios tiene para su pueblo. Cuando el sirviente levantó su mirada, ¡vio que la montaña estaba llena de caballos y carros de fuego! Sin duda, recordó que Elías había sido tomado al cielo en carros de fuego (véase 2 Reyes 2:11). Ahora estaba viendo de primera mano que los carros de fuego de Dios estaban allí también para Eliseo. ¿Observó que Eliseo no oró para ver él mismo la divina protección de Dios? Eliseo operaba en una esfera sobrenatural y por la fe, sabía que el poder milagroso de Dios obraría en sus circunstancias al igual que había obrado en las de Elías.

Cuando estemos afrontando nuevos desafíos, necesitamos tener en mente que el mismo Dios que nos libró en el pasado sin duda puede liberarnos en el presente. Aunque puede que no siempre podamos ver los resultados finales, podemos estar seguros de que la protección de Dios está alrededor de su pueblo. En el libro de Romanos, Pablo planteó este punto tan profundo: *"Si Dios es por nosotros, ¿quién contra nosotros?"* (Romanos 8:31).

> **Cuando estemos afrontando nuevos desafíos, necesitamos tener en mente que el mismo Dios que nos libró en el pasado sin duda puede liberarnos en el presente.**

La respuesta, desde luego, ¡es nadie! Siempre habrá más a favor del pueblo de Dios que contra ellos. Pensemos en Eliseo: los sirios habían rodeado la ciudad para capturarle. ¿Puede imaginar todo un ejército en contra de sólo un hombre? Casi suena divertido. El rey de Siria obviamente tenía miedo de Eliseo.

¿Sabía que el diablo tiene miedo de usted? Un solo cristiano asusta mucho a Satanás. El sabe que cuando usted comienza a operar en su nueva naturaleza —su naturaleza de fe—, y comienza a caminar en la autoridad y el poder milagroso de Dios, ¡entonces él está acabado!

Eliseo oró por otro milagro: *"Te ruego que hieras con ceguera a esta gente. Y los hirió con ceguera, conforme a la petición de Eliseo"* (2 Reyes 6:18).

¿No es interesante que Dios abriera los ojos del sirviente de Eliseo y después cerrase los ojos de los enemigos de Eliseo? Puedo recordar ocasiones en que parecía que Dios había cerrado los ojos de oficiales del gobierno cuando mi equipo ministerial llevaba la Palabra de Dios a países comunistas. Una vez, estábamos llevando biblias a Polonia. También queríamos grabar allí un video, así que llevábamos equipamiento de video con nosotros. Nos habían advertido que los oficiales de aduanas podrían confiscar nuestro equipo cuando llegásemos a Varsovia, porque al gobierno polaco no le gustaba la idea de que hubiera cristianos llegando a su país para grabar videos. Sin embargo, nosotros creímos que Dios nos estaba guiando; por tanto, al bajarnos del avión oramos: "Señor, ayúdanos a pasar con todos nuestros videos y también a salir rápidamente y con seguridad, incluso si tienes que cerrar los ojos de las personas de aduanas".

El oficial de aduanas era una mujer. Ella tenía una fea actitud y realmente me lo hizo pasar mal. Pero cuando vio a mi asociado que llevaba el equipo de video, le sonrió dulcemente y le dijo que pasara.

Yo no creo que ella ni siquiera viera el equipo. Creo que Dios cerró sus ojos al equipo que nosotros necesitábamos utilizar para llevar a cabo lo que Él nos había llamado a hacer en Polonia.

De modo parecido, Dios había cegado los ojos de los soldados sirios; entonces, Eliseo los engañó para que fueran a Samaria, la capital de Israel. Cuando ellos llegaron, el rey de Israel, Jorám, le dijo a Eliseo: "*¿Los mataré, padre mío?*" (2 Reyes 6:21).

Joram probablemente pensara: *Qué oportunidad de matar a todos estos sirios. ¡Son presa fácil!* Esa habría sido una respuesta natural; pero la Palabra de Dios nos dice que amemos a nuestros enemigos. Hemos de orar por ellos, bendecirlos y hacerles bien (véase Lucas 6:27–28). Y no olvidemos que fue el poder milagroso de Dios el que había llevado al enemigo a la puerta del rey en primer lugar. ¿Por qué había hecho Dios eso? Para mostrar su maravillosa misericordia. Mire, el Señor no es sólo amigo de los creyentes; Él también es amigo de los pecadores. Dios ha destinado a *todas* las personas a que lleguen al arrepentimiento para que todas puedan nacer de nuevo y ser llenas del Espíritu.

Cuando Joram indicó su deseo de matar a los sirios, Eliseo le respondió:

> *No los mates. ¿Matarías tú a los que tomaste cautivos con tu espada y con tu arco? Pon delante de ellos pan y agua, para que coman y beban, y vuelvan a sus señores. Entonces se les preparó una gran comida; y cuando habían comido y bebido, los envió, y ellos se volvieron a su señor. Y nunca más vinieron bandas armadas de Siria a la tierra de Israel.* (2 Reyes 6:22–23)

¿No nos dice la Palabra de Dios que si nuestro enemigo tiene hambre, debemos darle de comer, y si tiene sed debemos darle de beber? Si usted puede orar por sus enemigos y sembrar milagros en sus vidas, eso es en sí mismo un milagro. Significa que usted es alguien que hace resistente a Satanás haciendo cosas extraordinarias que sobrepasan la capacidad humana. Usted está operando según la nueva naturaleza y, mediante Jesucristo, está logrando lo milagroso.

Mire, si usted busca una doble porción del poder milagroso de Dios en su vida, debe salir de su vieja naturaleza. Eliseo podría haber permitido que aquellos hombres ciegos cayeran por el borde del precipicio, o haber dicho a Joram: "¡Sí! Adelante, y mátalos". Cualquiera de esos actos habría sido, sin duda, lo natural.

Sin embargo, Eliseo no operaba en lo natural; operaba en lo sobrenatural, y él mostró la maravillosa misericordia de Dios a los enemigos de Israel. Alimentaron al ejército sirio y les enviaron a casa. Aquello debió de haber causado una factura inmensa, pero la elección de caminar en lo milagroso y de sembrar amor, paz, gozo y justicia en las vidas de otros siempre cuesta algo. La salvación es gratuita, pero servir al Señor le costará algo. ¿Sabe lo que cuesta? Le cuesta su vieja naturaleza, que realmente no es un precio tan terrible a pagar para ver los maravillosos milagros de Dios produciéndose en su vida.

Capítulo 7

SABIDURÍA PARA SU FUTURO

Realmente me inspiro cuando leo el libro de Hebreos. A veces se hace referencia al capítulo 11 como el "salón de la fama" de nuestros héroes bíblicos de la fe. Rebosa de ejemplos de personas normales y corrientes que caminaron en sabiduría piadosa. Ellos pusieron su fe en lo extraordinario e hicieron sus futuros resistentes a Satanás de modo sobrenatural.

Mediante las vidas de Abraham Isaac, Jacob y José vamos a ver cómo podemos andar en sabiduría piadosa y, *por la fe*, asegurar nuestro futuro. Puede que usted diga: "Marilyn, quiero asegurar el futuro de mi familia, pero no sé cómo obtener sabiduría piadosa".

Y si alguno de vosotros tiene falta de sabiduría, pídala a Dios, el cual da a todos abundantemente y sin reproche, y le será dada. (Santiago 1:5)

La palabra griega utilizada aquí para *sabiduría* significa "claridad en las cosas espirituales". A fin de asegurar su futuro, necesita obtener un mejor entendimiento de las cosas de Dios. Necesita saber cómo asegurar su futuro según el plan de Dios para su vida. Para saber lo que Dios ha planeado para usted y sus seres queridos, tendrá que buscarle a Él.

Vivimos en tiempos inciertos para nuestra vida personal y el mundo igualmente. Algunas personas viven en constante estado de temor porque se enfocan en las estadísticas sobre delitos, aborto y abuso de sustancias, los cuales siguen aumentando a un ritmo alarmante. Muchas de esas personas han experimentado de primera mano los desgarradores resultados del derrumbe de la primera institución que Dios estableció: el matrimonio. Las personas miran la incertidumbre en el mundo y tienen temor, preguntándose: *Vaya, ¿qué está sucediendo? Las cosas empeoran cada vez más; ¿qué será de nosotros?*

¡Gloria a Dios! ¿Por qué? Porque en medio de todo este caos, usted, el creyente, ¡no tiene que preocuparse! Usted es un hijo del pacto de *El Elyon*, el Dios Altísimo; usted puede tener la mayor confianza porque Dios tiene grandes planes para su futuro; sin embargo, tiene que comenzar a caminar en fe y en la sabiduría de Dios si quiere ver los planes de Él manifestados en su futuro.

> **Cuando usted vive su vida con una actitud de adoración, se sitúa a usted mismo en una posición para heredar todo lo que Dios ha destinado para usted.**

Hay tres bendiciones específicas que deberíamos considerar cuando hablamos sobre asegurar nuestro futuro: bendiciones materiales, herencia y victoria. A pesar de las circunstancias que le rodean,

Dios quiere que sepa que usted, su hijo, ha sido bendecido. Cuando usted vive su vida con una actitud de adoración, se sitúa a usted mismo en una posición para heredar todo lo que Dios ha destinado para usted: vida eterna, bautismo en el Espíritu Santo y ser conformado a la maravillosa imagen de Jesucristo. A la imagen de Cristo, usted sojuzgará la tierra (su ambiente) y dará el fruto que acompaña a una vida victoriosa, como una buena salud, seguridad económica, paz mental y el gozo del Señor.

Algunos puede que piensen: *Bien, yo soy nacido de nuevo y amo al Señor, pero tengo mala salud, mi economía es un caos, ¡y mis nervios están a punto de estallar!* ¿Se pregunta por qué no parece ser capaz de solucionar las cosas y caminar en prosperidad como otros cristianos? Tome aliento, porque aunque lo anterior puede que describa el lugar donde está usted hoy, yo creo que cuando comience a caminar en fe y sabiduría divina, su vida, salud y economía cambiarán por completo. Su futuro será asegurado según los deseos de Dios para su vida, y puede descansar con la seguridad de que Él planea que usted sea victorioso sobre sus circunstancias.

Caminar en sabiduría divina

A medida que comience a centrarse más intencionadamente en la voluntad de Dios para usted y sus seres queridos, y comience a buscarle más seriamente mediante la oración, el estudio de la Biblia y la aplicación de la Palabra de Dios, entonces comenzará a convertirse en alguien que hace resistente a Satanás. Y no hay cuestión alguna de que su vida cambiará y su futuro estará asegurado en la Palabra de Dios.

Una vez más, la clave para un futuro asegurado es caminar en la sabiduría divina. Seamos muy prácticos. ¿Qué debería hacer usted después de haber orado y haber pedido a Dios sabiduría? Usted pasa mucho tiempo con Dios, y Él le muestra exactamente cómo aplicar las Escrituras a sus circunstancias. Es así como usted comienza a asegurar su futuro mediante la fe y la sabiduría piadosa.

La Biblia nos da estupendos ejemplos de individuos que aseguraron sus futuros por la fe.

> *Por la fe bendijo Isaac a Jacob y a Esaú respecto a cosas venideras. Por la fe Jacob, al morir, bendijo a cada uno de los hijos de José, y adoró apoyado sobre el extremo de su bordón. Por la fe José, al morir, mencionó la salida de los hijos de Israel, y dio mandamiento acerca de sus huesos.*
> (Hebreos 11:20–22)

¡Todos aquellos hombres aseguraron sus futuros *por la fe*! ¿Dónde pusieron su fe? En Dios. Y cuando ellos comenzaron a caminar en su Palabra y su sabiduría, aseguraron un futuro para sí mismos y para sus seres queridos.

Yo creo que Abraham tenía un entendimiento bastante claro de las cosas espirituales. Cuando él caminó en sabiduría divina, aseguró el futuro para sí mismo, sus descendientes y, potencialmente, el mundo entero. A veces se denomina a Abraham "el padre de la fe", y no hay duda alguna de que él era un hombre de fe sobrenatural. Sin embargo, aunque tenía fe, Abraham no siempre caminó en sabiduría divina, y cuando no lo hizo, los resultados fueron desastrosos. Cuando él caminó en fe, sin embargo, los resultados fueron maravillosos.

Abraham (Abram en aquel momento) actuó con gran fe cuando tuvo un encuentro con Dios por primera vez y recibió instrucciones de dejar su casa en Harán y viajar a un destino desconocido. ¿Puede imaginar la conversación que podría haberse mantenido entre Abram y su esposa (Sarai, no Sara, en aquel momento) aquella noche?

"Sarai, Dios me dijo que dejemos Harán".

"Muy bien, Abram, ¿pero dónde vamos?".

"Ah, no lo sé; Dios no lo dijo. Pero sí dijo que por medio de mí todas las familias de la tierra serían benditas". (Véase Génesis 12:1–3).

En obediencia, Abram siguió las instrucciones de Dios.

> *Y se fue Abram, como Jehová le dijo; y Lot fue con él. Y era Abram de edad de setenta y cinco años cuando salió de Harán.*
> (Génesis 12:4)

Cuando piensa en este hombre de setenta y cinco años de edad y su casa, podría estar imaginando algunos pequeños grupos de nómadas caminando por el campo. Pero, en realidad, Abraham tenía una casa inmensa. Tenía muchos sirvientes y obreros, incluyendo al menos 318 soldados entrenados, con sus esposas y familiares (véase Génesis 14:14). ¡Y eso sin contar la casa de Lot! Por tanto, cuando Abraham reunió a su casa y salió de Harán, puede que condujera una caravana de varios miles de personas. Abraham fue bastante sabio para reconocer a Dios y obedecerle.

ESCUCHAR LAS INSTRUCCIONES DEL SEÑOR

Me encanta oír testimonios de mis alumnos en la escuela bíblica y de miembros de mi plantilla. Hay muchos casos en los que Dios literalmente ha llamado personas a hacer las maletas y trasladarse a Denver. Antes de unirse a nuestra plantilla, uno de nuestros pastores nos llamó a mi esposo y a mí para decir que su esposa y él creían que Dios les estaba llamando a Denver para participar en nuestro ministerio. En aquel momento no había puestos disponibles, pero ellos seguían estando convencidos de que Denver estaba en el plan de Dios para su futuro.

Por tanto, todos oramos al respecto. Poco tiempo después de su llamada telefónica se abrió un puesto que parecía hecho a medida para sus capacidades. Ellos trasladaron a su familia a Denver, y el esposo ahora dirige nuestro ministerio de cuidado pastoral. Esta pareja sigue caminando en la sabiduría de Dios para su futuro, y han sido una tremenda bendición para nosotros.

> **Usted siempre tendrá elección en cuanto a caminar sabiamente en las cosas espirituales.**

Ahora bien, quiero que sepa que usted siempre tendrá elección en cuanto a caminar sabiamente en las cosas espirituales. Esta pareja podría haber razonado las instrucciones que Dios les dio con respecto a mudarse; después de todo, ellos pastoreaban una próspera iglesia en California. De modo similar, Abraham podría haber dicho: "No estoy seguro; quizá eso no sea la voz de Dios. Mejor me quedaré aquí en Harán".

Pero Abraham no dijo eso. El tenía una tremenda fe en Dios, lo cual realmente era algo sobrenatural considerando que él había sido un adorador de ídolos. Él no tenía una Biblia; no había reuniones en iglesias a las que asistir; no hubo ningún evangelista que llegase a la ciudad de Abraham para que él fuese salvo. No, fue la palabra hablada de Dios lo que convenció a Abraham. Abraham dio un paso de fe sobre esa palabra y así aseguró un futuro, no sólo para él mismo sino también para todas las personas que dependían de él. Abraham servía a Dios, que demandó que toda su casa sirviese a Dios juntamente con él (véase Génesis 18:19).

Como dije anteriormente, Abraham era un hombre de una gran fe, pero no siempre caminó en sabiduría piadosa. Hay una diferencia entre caminar en fe y caminar en sabiduría. Una vez, después de que Abraham hubiera estado viviendo en Canaán aproximadamente diez años, Sara comenzó a ponerse nerviosa porque Abraham y ella no habían concebido un hijo. Puede que ella hubiera estado pensando en la promesa de Dios de que todas las familias de la tierra serían bendecidas mediante Abraham. ¿Cómo podría suceder eso a menos que naciese un hijo a Abraham?

Entonces, Sara tuvo la idea de que ella "aceleraría" el calendario de Dios. Las impías costumbres de la época sancionaban una manera de concebir un heredero que heredaría su propiedad que suena extraña en la actualidad. En consonancia, Sara tramó un plan mediante el cual Abraham tendría relaciones sexuales con Agar, su sirvienta egipcia, y su unión produciría un heredero para Abraham.

Cuando Abraham oyó la idea, podría haber dicho: "No, Sara, Dios no me dijo que hiciera las cosas de ese modo. Vamos a confiar en la palabra de Dios para que nos guíe en nuestros planes para el futuro". Sin embargo, sabemos que Abraham siguió la loca idea de Sara, y Agar y él tuvieron un hijo llamado Ismael. Abraham y Sara probablemente pensaron que habían asegurado su futuro; sin embargo, estaban obrando en la carne, no en la fe, e Ismael no era la simiente prometida; era Isaac.

En esa situación, Abraham no estaba caminando en la sabiduría de Dios. Puede que él hubiera tenido una gran fe para dejar su casa y seguir a Dios a lugares desconocidos, pero la fe sin sabiduría puede causar grandes problemas a un creyente.

La Biblia indica que pasaron aproximadamente diez años antes de que Dios volviera a comunicarse con Abraham (véase Génesis 17:1). Esta vez, Dios se apareció a Abraham y dijo que caminase delante de Él y fuese perfecto. En otras palabras: "Abraham, haz las cosas a mi manera, y sé sincero y recto en tu caminar".

Es imperativo que los cristianos hagamos las cosas a la manera de Dios si queremos hacer nuestras vidas resistentes a Satanás y asegurar nuestro futuro. Mientras Abraham hizo las cosas a su manera, siguió el desastre, pero cuando comenzó a caminar en fe y en sabiduría piadosa para sus circunstancias, siguieron bendiciones.

Abraham y Sara finalmente se situaron en el camino correcto, y juntos tuvieron un hijo: Isaac. Sin embargo, la tensión entre Sara y Agar continuó aumentando hasta que Abraham se vio obligado a expulsar a Agar y a su hijo primogénito, Ismael, de su casa. A veces, siento lástima por Agar e Ismael; pero entonces recuerdo que Dios es maravilloso y ama a todas las personas. Cuando Agar e Ismael comenzaron a clamar a Dios, les mostró sus maravillosas misericordias y aseguró su futuro con sus provisiones (véase Génesis 21:14–19).

SABIDURÍA PARA LA SEGURIDAD MATERIAL

Abraham y Sara criaron a Isaac según la palabra de Dios, y justamente antes de que Abraham muriera, bendijo a Isaac con su provisión: *"Y Abraham dio todo cuanto tenía a Isaac"* (Génesis 25:5).

Es interesante notar que aunque Abraham tuvo otros hijos de su segunda esposa, Cetura, Abraham dio el grueso de su riqueza a Isaac: su hijo con Sara. Abraham no ignoró a sus otros hijos —también les dio regalos—, pero también los envió lejos de Isaac. La experiencia de Abraham con Agar e Ismael probablemente le había enseñado una lección sobre las peleas, y por eso él utilizó la sabiduría piadosa para asegurar el futuro de Isaac y evitar que todos sus hermanos reclamasen la herencia de Isaac.

Cuando Abraham murió, Dios bendijo a Isaac y aseguró su futuro: *"Y sucedió, después de muerto Abraham, que Dios bendijo a Isaac su hijo; y habitó Isaac junto al pozo del Viviente-que-me-ve"* (versículo 11). Isaac fue realmente bendecido, ¿pero quién había bendecido en realidad su futuro? Cuando Abraham había estado vivo, había hecho todo lo que pudo por su hijo, pero fue Dios quien en realidad bendijo el futuro de Isaac. Abraham había sembrado las semillas; él había orado por Isaac, y había preparado a su hijo para recibir los planes futuros de Dios. Aunque Abraham había reclamado bendiciones para Isaac, fue Dios quien realmente dio vida al futuro de Isaac.

Una mañana, yo estaba orando en nuestro porche trasero. Recuerdo que aquel verano era muy bonito, y parecía como si el Señor hubiera abierto los cielos para mí mientras oraba. Él me preguntó: "¿Sabías que cuando oras estás haciendo tesoros en el cielo?". Yo pensé: *Bueno, Padre, sé que decimos eso de nuestras ofrendas, pero no lo sabía de las oraciones.* Dios pasó a explicar que cuando yo oraba, era como si estuviera haciendo un depósito en una cuenta bancaria. Todas las oraciones que yo depositara descenderían sobre las personas por las cuales había orado: llegarían bendiciones a sus vidas cuando ellas las sacaran de mi cuenta de oración. He visto algunas de mis oraciones hacerse realidad pero, si Jesús tarda, puede que algunas no se manifiesten hasta después de que yo muera.

> **Las oraciones que hacemos en el presente bendecirán a personas en el futuro.**

Las oraciones que hacemos en el presente bendecirán a personas en el futuro. Cuando los creyentes caminan en sabiduría piadosa, tienen vidas de oración fuertes y coherentes. La oración le llevará a una relación más íntima con su Padre celestial, y durante esos preciosos momentos de comunión, Dios compartirá algunas revelaciones maravillosas sobre cómo aplicar su Palabra a sus circunstancias.

Su ejemplo puede marcar una diferencia

Quiero considerar la vida de Isaac para ver si su futuro fue asegurado por las bendiciones de su padre.

Y era Isaac de cuarenta años cuando tomó por mujer a Rebeca... Y oró Isaac a Jehová por su mujer, que era estéril; y lo aceptó Jehová, y concibió Rebeca su mujer.
(Génesis 25:20–21)

¿No le resulta familiar? La madre de Isaac había sido estéril, y ahora Rebeca, su esposa, era estéril. ¿Qué hizo Isaac? Oró a Dios por Rebeca. Sin duda, Abraham y Sara habían compartido con Isaac su testimonio una y otra vez sobre cómo Dios les había bendecido con él: su bebé milagro. Ellos habían asegurado el futuro de Isaac compartiendo su fe con él. Cuando Isaac se vio confrontado con un problema parecido, él sabía lo suficiente sobre las cosas espirituales para orar y creer a Dios para tener un bebé.

Permitir que nuestros hijos nos vean caminando diligentemente en fe y conduciendo nuestras vidas según la sabiduría piadosa es el mejor ejemplo que podemos darles, porque establece el tono de su crecimiento espiritual. Aquí puede usted ver el principio de la siembra y la cosecha en acción. Si usted siembra cosas espirituales como fe y sabiduría piadosa en el futuro de sus hijos, entonces ellos cosecharán futuros arraigados en fe y sabiduría piadosa. Sin embargo, si usted siembra cosas del mundo como casualidad y suerte en el futuro de sus hijos, entonces ellos estarán arraigados en ese mismo tipo de inestabilidad.

Los cristianos debemos comenzar a hacer nuestras casas resistentes a Satanás preparando a nuestros hijos para vivir diligentemente en la sabiduría de Dios. Sin embargo, sencillamente no podemos transmitir a nuestros hijos lo que nosotros mismos no tenemos. Por tanto, si usted necesita sabiduría (y sinceramente, todos la necesitamos), pídala a Dios. Entonces, comience a buscarle a Él con más inteligencia mediante la oración y la lectura de su Palabra. Quedará agradablemente sorprendido ante la diferencia que la sabiduría piadosa marca en su vida hoy y en su futuro.

Una de mis Escrituras favoritas es Hebreos 11:6: *"Pero sin fe es imposible agradar a Dios; porque es necesario que el que se acerca a Dios crea que le hay, y que es galardonador de los que le buscan"*. Yo oro esta Escritura regularmente. Hay ciertas cosas por las que estoy creyendo a Dios, pero a veces, la respuesta o la recompensa parecen necesitar cientos de años para llegar. Por tanto, sigo recordándome a mí misma que Dios es galardonador de quienes le buscan diligentemente. Cuando aparto tiempo para pasarlo con Dios cada día, sé que Él me recompensará por el tiempo que paso con Él.

> **Cuando aparto tiempo para pasarlo con Dios cada día, sé que Él me recompensará por el tiempo que paso con Él.**

Quizá usted necesita victoria en su vida, o su cónyuge o sus hijos puede que tengan un problema que necesitan vencer. Permita que le aliente a ser diligente para buscar a Dios; ¡eso es sabiduría! Cuando siga orando y confiando en Dios, Él le recompensará, y su familia será bendecida para vivir en victoria. Recuerde: la diligencia trae recompensa, y la falta de diligencia no trae nada.

Si quiere hacer a sus seres queridos resistentes a Satanás, entonces tendrá que apartar un tiempo específico cada día para la oración: la oración genuina que busca a Dios. Entonces, Dios no sólo le recompensará con su presencia, sino también le bendecirá porque usted pasó tiempo buscándole. ¡Guau! ¡Esa es una bendición de doble porción! Además, cuando sus hijos vean que pasar tiempo en la presencia de Dios es una parte principal de su vida, también ellos comenzarán a entender la importancia de vivir en fe y caminar en sabiduría piadosa.

Hay una mujer que conozco y que me inspira con su tremenda fe para la salvación de sus seres queridos. Esta mujer está totalmente decidida a que toda su familia entre en el reino de Dios. Ella pasa mucho tiempo buscando la sabiduría de Dios, la cual realmente necesita, porque se necesita sabiduría piadosa para vivir con un cónyuge que no es salvo.

La firme fe de esta mujer aseguró el futuro de su hijo cuando estaba en segundo año de secundaria. Durante todos sus años en la escuela, principalmente había estado jugueteando. Aunque era muy brillante y capaz de obtener buenas calificaciones, nunca llegó a estar a la altura de su potencial. Entonces, durante su semestre final de escuela, les dijo a sus padres que realmente no tenía ganas de ir a la escuela. Había perdido la esperanza de tener éxito.

A pesar del mal rendimiento académico de su hijo, mi amiga le alentó a seguir en la escuela. Ella estaba totalmente convencida de su capacidad de graduarse con su clase, y le dijo: "En Génesis, dice que todos los hombres son creados a imagen y semejanza de Dios. Hijo, no me importa lo que los demás digan de ti; yo escojo en este momento ver la imagen de Dios en ti. Eso es lo que voy a ver".

Esta madre tenía fe en Dios para su hijo, y caminó en sabiduría piadosa aplicando la Palabra a la situación. El joven estuvo de acuerdo en regresar a la escuela, y Dios envió a un maestro cristiano para alentarle.

Yo creo que la fe sobrenatural de esta madre aseguró el futuro académico de su hijo. Poco después, él comenzó a tener confianza en sí mismo; comenzó a trabajar diligentemente, realizando muchos cursos además de una clase extra, y se graduó con la cabeza bien alta.

La mujer hizo a su hijo resistente a Satanás asegurando su futuro, y el resultado fue victoria. En el futuro, si su hijo vuelve a desanimarse otra vez, yo creo que recordará el ejemplo de su madre, y Dios le ayudará a atravesar todos sus momentos difíciles.

Regresemos a cómo ejemplo de Abraham de sabiduría piadosa y fe echó raíces en la vida de Isaac. Cuando Isaac era viejo y estaba cerca de la muerte, siguió el ejemplo de su padre y bendijo a sus hijos. Yo creo que hay sabiduría en bendecir a nuestros hijos con nuestras propiedades, al igual que con nuestra boca. Muchos padres tienen una actitud que dice: "Yo nunca lo tuve fácil; siempre he trabajado y me lo he ganado todo; que mis hijos hagan lo mismo".

Estoy de acuerdo totalmente en que nuestros hijos deberían ser responsables de sí mismos, y que necesitamos preparar a nuestros hijos para vivir independientemente. Es sabio que los padres tengan suficientes ahorros y seguros de vida para que sus hijos tengan los recursos para pagar una educación universitaria y otras cosas importantes, aunque sus padres ya no sigan vivos. La seguridad educativa es una parte importante del futuro de sus hijos y de sus nietos.

Isaac vio la sabiduría de los actos de su padre, y quiso hacer lo mismo por sus dos hijos: Jacob y Esaú. Antes de morir, Isaac llamó a Esaú y le dijo: "Esaú, cocina algún plato sabroso, porque quiero bendecirte antes de morir" (véase Génesis 27:4). Esaú probablemente estaba muy emocionado; ya había perdido su bendición del primogénito mediante su propia necedad (véase Génesis 25:29–34), y no tenía intención alguna de perder también la primogenitura. Por tanto, salió al campo para cazar lo necesario para hacer un guiso para su anciano padre.

Parece como si todo estuviera en orden, a excepción de una cosa: Isaac no estaba caminando en sabiduría piadosa. Usted puede operar en sabiduría piadosa sólo cuando esté viviendo según la Palabra de Dios.

> **Usted puede operar en sabiduría piadosa sólo cuando esté viviendo según la Palabra de Dios.**

La bendición del primogénito no era parte del plan de Dios para Esaú, y Él se lo dijo a Rebeca incluso antes de que sus hijos nacieran:

> *Y le respondió Jehová: Dos naciones hay en tu seno, y dos pueblos serán divididos desde tus entrañas; el un pueblo será más fuerte que el otro pueblo, y el mayor servirá al menor.* (Génesis 25:23)

Desde el principio, el plan de Dios era que el hijo menor sería bendecido. El hijo menor era Jacob, no Esaú; por tanto, a pesar de las intenciones aparentemente buenas de Isaac, él sencillamente estaba fuera de la voluntad de Dios cuando intentó bendecir a Esaú. La bendición del primogénito tenía que ver con gobierno, prosperidad y autoridad sacerdotal. Isaac no fue sabio al escoger dar esa bendición a Esaú cuando la elección de Dios era Jacob. Los actos poco piadosos de Isaac casi dieron como resultado la muerte de su hijo menor, porque Esaú ciertamente quiso matar a Jacob, especialmente desde que Jacob manipuló las circunstancias, engañó a Isaac y recibió la bendición del primogénito que Isaac tenía intención de destinar a Esaú.

Jacob tuvo que huir para salvar su vida, y fue a vivir con su tío Labán. El pobre Jacob lo pasó muy mal. Labán cambió el salario de Jacob diez veces, y le engañó para que se casara con Lea cuando la hija a la que Jacob realmente amaba era Raquel. ¡Pero he observado que Jacob siempre salía de rositas! ¿Por qué? Porque su padre había asegurado su futuro profetizando las bendiciones de Dios sobre la vida de Jacob.

Amigos, podemos tener fe para el futuro de nuestros hijos. Cuando nosotros los padres comencemos a caminar en fe y a gobernar nuestros actos según la sabiduría piadosa, entonces las bendiciones de Dios llegarán a nuestras vidas y también a las vidas de nuestros hijos.

La cosecha

No hay duda alguna de que usted cosechará lo que siembre. Quizá sea una cosecha rápida, y la obtendrá mañana o dentro de un mes. O quizá sus hijos cosecharán lo que usted haya sembrado mucho después de su muerte. Pero usted siempre asegurará su futuro cuando siembre semillas de fe en la Palabra de Dios. La Palabra de Dios contiene más de siete mil promesas, y cuando Dios hace que sus palabras se cumplan, siempre hay una cosecha o una manifestación de una promesa.

Una vez, un pastor amigo nuestro llamado Sam estaba de visita desde Pensilvania. Sam me dijo que provenía de un trasfondo holandés, y que él y sus once hermanos y hermanas habían sido criados por estrictos padres menonitas. Un día, la madre de Sam fue invitada a una iglesia pentecostal, donde recibió el bautismo del Espíritu Santo. Ella no sabía bien qué hacer, porque su esposo estaba realmente involucrado en la iglesia menonita, y ella sabía que él se pondría furioso.

Me encanta cómo la sabiduría piadosa conduce a las personas llenas del Espíritu. La madre de Sam comenzó a orar en lenguas cada día, pero en secreto. Ella oraba por su familia, y después los invitó a asistir con ella a la iglesia pentecostal. Seis de sus hijos nacieron de nuevo y fueron llenos del Espíritu. Más adelante, esos seis se graduaron de la escuela bíblica y entraron en el ministerio a tiempo completo. ¿Cómo sucedió aquello? La madre de Sam caminó en fe y sabiduría piadosa, ¡y los resultados fueron fantásticos! Ella aseguró el futuro de sus hijos; y el futuro de los miles de personas que serían tocadas por aquellos ministerios a tiempo completo.

Años después, el padre de Sam se puso enfermo de cáncer. Sin embargo, ese hombre se había aferrado a la Palabra, y dijo: "Sólo tengo sesenta y cinco años, y no es tiempo de que yo muera". Dios habló al padre de Sam y le dijo que profetizara y bendijera a sus doce hijos.

Los médicos le dieron el alta del hospital, y todos sus hijos acudieron a verle. Llevaron con ellos a sus esposas y sus hijos, y fueron necesarias dos horas y media para que el hombre profetizara lo que Dios le había dado que decir a cada miembro de su familia. Sam me dijo: "Marilyn, nuestro futuro está seguro; hemos sido bendecidos por la fe por nuestro padre".

De modo similar, Jacob sabía que su futuro estaba seguro. ¿Por qué? Porque Isaac le había bendecido. A pesar del engaño que Jacob utilizó para recibir la bendición, su futuro fue asegurado cuando Isaac le bendijo por fe. (Ciertamente, no fue por vista, porque Isaac estaba ciego y pensó que estaba bendiciendo a Esaú en lugar de Jacob). Esto debería darnos confianza en que Dios se manifestará sus planes para nuestra vida. Incluso si no tenemos la familia perfecta, podemos asegurar nuestro futuro en la voluntad de Dios.

Cuando vemos cómo la conducta de Isaac afectó a la vida de Jacob, quiero que observemos cómo obró el principio de la siembra y la cosecha en sus vidas. ¿Recuerda que el hijo favorito de Isaac era Esaú, y el hijo favorito de Rebeca era Jacob? Bien, Jacob llevó a cabo esa misma conducta: su hijo favorito era José. *"Y amaba Israel* [Jacob] *a José más que a todos sus hijos"* (Génesis 37:3).

El favoritismo sin duda produjo dolor a toda la familia de Jacob. Los hermanos de José estaban celosos debido al trato preferencial de su padre, en realidad odiaban a José porque él tuvo un sueño sobre estar en un puesto de autoridad sobre ellos. Cuando se lo contó, *"le respondieron sus hermanos: ¿Reinarás tú sobre nosotros, o señorearás sobre nosotros? Y le aborrecieron aun más a causa de sus sueños y sus palabras"* (versículo 8).

Finalmente, los hermanos tomaron a José y le lanzaron a un pozo. Mataron una cabra, mancharon con su sangre la túnica multicolor especial de José, llevaron la túnica a su padre y le dijeron que un animal salvaje había matado a José. En realidad, ellos habían vendido a su propio hermano como esclavo (véase versículo 28).

¿Observó que los hijos de Jacob engañaron a su padre con un método parecido al que Jacob había utilizado para engañar a su padre Isaac? Es demasiado fácil sembrar cosas equivocadas en su futuro. Jacob sembró algunas cosas equivocadas, y toda su familia sufrió porque él no caminó en sabiduría piadosa.

Pero José es otra historia de éxito; él permaneció fiel a Dios durante toda su vida y llegó a ser la clave para rescatar a su familia durante la gran hambruna (véase Génesis 45:7). José finalmente reveló su identidad a sus hermanos y les trató como reyes. José había vivido toda su vida en fe; caminó con gran sabiduría piadosa, y ciertamente aseguró un buen futuro para su familia.

La vida de José es un maravilloso testimonio de cómo los creyentes podemos mantener nuestra fe en la Palabra de Dios. Podemos caminar en sabiduría piadosa, incluso cuando nuestras circunstancias nos fallen. Podemos hacer nuestras vidas resistentes a Satanás caminando en rectitud y santidad. Podemos orar para que nuestros hijos no sean nunca conformados al mundo sino que, en cambio, transformen el mundo. Eso es sabiduría de Dios para nosotros. José fue un hombre muy sabio, y definitivamente marcó una diferencia en las vidas de toda una nación.

> **Podemos orar para que nuestros hijos no sean nunca conformados al mundo sino que, en cambio, transformen el mundo.**

Yo creo que ver a su hijo José caminar en sabiduría piadosa realmente bendijo a Jacob, cuyo nombre ya había sido cambiado a *Israel*, que significa "uno que prevalece con Dios y el hombre". Y cuando Israel se acercaba al final de su vida, aseguró el futuro de su familia:

> *Sucedió después de estas cosas que dijeron a José: He aquí tu padre está enfermo. Y él tomó consigo a sus dos hijos, Manasés y Efraín... Y él* [Israel] *dijo: Acércalos ahora a mí, y los bendeciré.* (Génesis 48:1, 9)

Pero cuando Israel comenzó a orar por sus nietos, hizo algo muy extraño.

Entonces Israel extendió su mano derecha,
y la puso sobre la cabeza de Efraín, que era
el menor, y su mano izquierda sobre la ca-
beza de Manasés, colocando así sus manos
adrede, aunque Manasés era el primogénito.
(Génesis 48:14)

Israel comenzó a bendecir a los hijos de José, diciendo:

El Dios en cuya presencia anduvieron mis
padres Abraham e Isaac, el Dios que me
mantiene desde que yo soy hasta este día...
bendiga a estos jóvenes; y sea perpetuado
en ellos mi nombre, y el nombre de mis pa-
dres Abraham e Isaac, y multiplíquense en
gran manera en medio de la tierra.
(versículos 15–16)

José se inquietó un poco cuando observó que su padre estaba dando la bendición del primogénito a Efraín en lugar de a Manasés, que era el mayor (véase versículos 17–18). José intentó corregir a su padre, pero Israel se mantuvo firme en su decisión de bendecir a Efraín.

Al estudiar la historia de Efraín, descubrí que cuando él entró en la Tierra Prometida, su tribu creció tanto que los efrainitas cubrieron las tierras más que ninguna otra tribu. Manasés no estaba muy por detrás de él, pero Efraín próspero más. ¿Por qué? Porque el futuro de Efraín había sido asegurado por Israel, quien, en sus últimos años, comenzó a caminar en fe y sabiduría piadosa.

Cuando José se acercaba a su muerte, dijo algo que por mucho tiempo me inquietó: *"E hizo jurar José a los hijos de Israel, diciendo: Dios ciertamente os visitará, y haréis llevar de aquí mis huesos*" (Génesis 50:25). Yo estaba perpleja por esta extraña petición, pero Dios me mostró que José sabía que los israelitas iban a estar en Egipto por más de cuatrocientos años. ¿Cómo? Génesis 15 nos dice que Abraham hizo un pacto con Dios, y Dios dijo que Él liberaría a la simiente de Abraham de Egipto. Abraham compartió la Palabra de Dios con Isaac, Isaac compartió la Palabra de Dios con Jacob, y Jacob compartió la Palabra de Dios con sus hijos. Basándose en su fe en Dios y el testimonio de la Palabra de Dios sobre los israelitas, José tuvo fe para el futuro de toda una nación. Y quiero que usted sepa que cuando los israelitas fueron liberados de la esclavitud en Egipto, llevaron con ellos los huesos de José. Ellos llevaron aquellos huesos por el desierto durante cuarenta años. No tenían la Palabra escrita de Dios, pero ciertamente tenían la seguridad de que su futuro había sido asegurado.

Ahora, repasemos los tres tipos de bendiciones para su futuro: bendiciones materiales, herencia y victoria. Al igual que Abraham bendijo a Isaac con gran parte de sus posesiones, Dios quiere bendecir a su pueblo con bendiciones materiales. Él quiere que usted prospere. ¿Por qué? A fin de que pueda ser una bendición en el reino de Dios. Cuando usted siembra semillas económicas en el reino de Dios, puede esperar cosechar bendiciones económicas a cambio.

Lo mismo es cierto para la oración. Si usted aparta tiempo para la oración cada día —no sólo por usted mismo sino también por su casa—, alguien heredará los depósitos que usted esté haciendo en su cuenta de oración. Y si usted siembra oraciones, cosechará respuestas en su propia vida.

Dios también quiere que su pueblo tenga fe para victorias en el futuro. Cuando usted comienza a hacer su casa resistente a Satanás caminando en fe y en sabiduría piadosa, obtendrá un entendimiento más claro de la esperanza que es suya en Jesucristo, *"el cual transformará el cuerpo de la humillación nuestra, para que sea semejante al cuerpo de la gloria suya, por el poder con el cual puede también sujetar a sí mismo todas las cosas"* (Filipenses 3:21).

Si la única esperanza que tenemos estuviera en esta vida, entonces seríamos todos personas desgraciadas. Pero cuando nacemos de nuevo, nuestra esperanza *no* está en esta vida ni en nuestro cuerpo terrenal. ¡La Biblia dice que Jesús resucitará nuestros cuerpos y los hará semejantes al de Él! Por tanto, a pesar de las circunstancias que le rodeen, emociónese porque, mediante Jesucristo, Dios ha asegurado el futuro para todos sus hijos por toda la eternidad.

Capítulo 8

¡ENCIENDA LA LUZ!

Ahora quiero que veamos cómo quienes hacen resistente a Satanás pueden encender la luz donde haya oscuridad. Anteriormente, cada uno de nosotros estaba en la oscuridad: *"Porque en otro tiempo erais tinieblas, mas ahora sois luz en el Señor; andad como hijos de luz"* (Efesios 5:8).

En este versículo, el apóstol Pablo estaba exhortando a los cristianos en Éfeso a no ser participantes del estilo de vida de pecado del cual habían sido liberados. Lo mismo es cierto para nosotros en la actualidad: a veces, intentamos "medir" la profundidad de la oscuridad en la cual puede que estuviéramos involucrados. En nuestra escala, consideramos algunos tipos de oscuridad "mayores" que otros. Sin embargo, la Palabra de Dios nos advierte a todos que no se regresemos al estilo de vida en el cual estábamos antes de aceptar a Jesucristo como nuestro Señor y Salvador.

SER UN REFLECTOR DE LUZ

Porque a los que antes conoció, también los predestinó para que fuesen hechos

conformes a la imagen de su Hijo.
(Romanos 8:29)

Cuando usted nació de nuevo, Dios le destinó a ser conformado a la imagen de Jesucristo. Una imagen es un reflejo; usted está siendo hecho un reflejo de Jesús, la Luz del mundo (véase Juan 3:19; 9:5). Usted mismo no es la Luz, pero es un *reflector de luz.* Veamos la luna: aunque puede parecer una fuente de luz desde el planeta tierra por la noche, en realidad es un mero reflector de la luz del sol. Al igual que la luna refleja la luz del sol, los creyentes debemos reflejar la Palabra de Dios y su voluntad en la tierra. Estamos destinados a ser personas que hacen resistente a Satanás y que brillan con la Luz del mundo.

Quiero que vean cómo puede caminar en la luz de Dios y cambiar las circunstancias que le rodean. Usted puede hacer sus circunstancias resistentes a Satanás permitiendo que la luz de Dios brille en sus relaciones con otras personas.

Cuando Jesús entra a nuestro corazón y comenzamos a ser conformados a su imagen, nos convertimos en instrumentos que Dios puede utilizar para reflejar su luz: su Palabra y su voluntad. A medida que sigamos creciendo en nuestra relación con el Señor, Él nos dará más oportunidades de reflejar su luz en

> **Usted puede hacer sus circunstancias resistentes a Satanás permitiendo que la luz de Dios brille en sus relaciones con otras personas.**

las vidas de otras personas. Además, con frecuencia se encontrará con otras personas que "enciendan la luz" por usted. Puede que llegue un momento en el que usted estará rodeado por la oscuridad de la incertidumbre y tenga falta de fe. No sabrá qué hacer a continuación con respecto a sus circunstancias, y es entonces cuando Dios enviará a otro creyente que encenderá la luz por usted.

Hace algunos años, estábamos intentando conseguir un préstamo para una nueva iglesia. Fue un proceso difícil porque, en aquel momento, los bancos de Denver no prestaban dinero a iglesias. El edificio del que nos habíamos mudado no se había vendido enseguida, e incluso si eso hubiera sucedido, el dinero no habría sido suficiente para afrontar este nuevo desafío. Teníamos cierto tipo de acuerdo de "renta con opción a compra" sobre el nuevo edificio, y si no podíamos cumplir con nuestra obligación el primer mes, ¡el costo del edificio ascendería hasta 120.000 dólares!

Aquel fue un período de oscuridad para nuestro ministerio. Wally y yo estábamos seguros de que el Señor nos había conducido a adquirir un nuevo edificio, pero sencillamente parecía que no había finanzas disponibles. Entonces, uno de los miembros de nuestra iglesia acudió a nosotros y dijo: "Creo que podemos conseguir un préstamo".

Durante ocho meses, ese hombre fue de banco a banco intentando conseguir financiación. Cuando le preguntábamos por su progreso, él respondía: "No, todavía no, ¡pero vamos a conseguir un préstamo!". Él mantuvo la luz encendida por nosotros. Y dos semanas antes de la fecha tope, ¡dos bancos dijeron sí! ¡Conseguimos el préstamo el día antes de haber tenido que pagar el extra de 120.000 dólares!

¡Lo que nos ayudó a atravesar aquel período estresante fue uno de los reflectores de luz de Dios! Nuestro amigo se estuvo moviendo en fe sobrenatural —la fe de Cristo— para la situación, y Dios ciertamente hizo un milagro por nosotros.

¿Y usted? ¿Puede recordar un momento en que usted "encendió la luz" para alguien permaneciendo en fe y orando con esa persona cuando su situación parecía sin esperanza? O quizá puede que usted fuera quien se enfrentó a una situación difícil que parecía estar por encima de su nivel de fe, y otra persona encendió la luz por usted. ¿Nos deja solos nuestro Padre celestial durante esos períodos estresantes? ¡No! Dios enviará a alguien para encender la luz, alguien para estar firme sobre la Palabra de Dios con usted y orar para que la voluntad de Él se haga en su vida.

La Biblia nos dice que Set encendió la luz después de que Caín matase a su hermano Abel. Abel era quien debía continuar la línea de Adán y Eva. Se podría decir que, en cierto sentido, Abel era la simiente original de la promesa: la luz. Gracias a Dios que Adán y Eva tuvieron otro hijo: Set.

> *Y conoció de nuevo Adán a su mujer, la cual dio a luz un hijo, y llamó su nombre Set: Porque Dios (dijo ella) me ha sustituido otro hijo en lugar de Abel, a quien mató Caín.*
> (Génesis 4:25)

En la época del hijo de Set, Enós, los hombres comenzaron a clamar al nombre del Señor. ¿Por qué?

Porque Set había sido un reflector de luz, un hombre piadoso que había enseñado a orar a su familia. Y su familia encendió la luz para aquella siguiente generación.

Deje que le diga que Dios nunca permitirá que su luz se apague. Él siempre tendrá hombres y mujeres a los que pueda utilizar para manifestar su Palabra y su voluntad en la tierra. Quienes hacen resistente a Satanás son sencillamente creyentes que encienden la luz de Dios en toda situación en la que se involucran.

Cuando pienso en reflectores de luz, no puedo evitar pensar en Noé. ¡Él vivió durante una época en la que parecía que Dios se había hartado casi de todo el mundo! La gente participaba en todo tipo de pecados. Dios estaba tan molesto por todas las terribles cosas que la gente estaba haciendo que lamentó haber creado al hombre. Y dijo: "*Raeré de sobre la faz de la tierra a los hombres que he creado, desde el hombre hasta la bestia, y hasta el reptil y las aves del cielo; pues me arrepiento de haberlos hecho*" (Génesis 6:7).

¡No es sorprendente que Dios se hartase! Y justamente cuando parecía que podría haber un "cierre de telón" para los habitantes de la tierra, Noé halló favor delante de Dios, y su familia y él fueron guardados de la destrucción. Génesis 6:8 dice: "*Pero Noé halló gracia ante los ojos de Jehová*".

De toda la raza humana, sólo Noé y su familia se permitieron a ellos mismos reflejar la Palabra de Dios y su voluntad. Noé amaba a Dios y condujo a su familia en los caminos de Él, y ciertamente encendieron la luz de Dios durante aquel período oscuro en la historia.

Cuando usted piense en convertirse en alguien que hace resistente a Satanás —alguien que encienden la luz de Dios en el mundo—, podría pensar: *Bien, yo no soy importante; soy tan sólo una persona.* Sin embargo, al igual que una sola vela puede iluminar una habitación oscura, un creyente puede iluminar una situación oscura.

> **Al igual que una sola vela puede iluminar una habitación oscura, un creyente puede iluminar una situación oscura.**

Puede que usted sea la única persona en su familia que es un reflector de la maravillosa Palabra de Dios y su voluntad. Permanezca ahí, porque si usted no enciende la luz para sus seres queridos, ¿quién lo hará? Incluso si se desalienta con ellos o con usted mismo, recuerde que Dios le ha situado ahí para mantener encendida su luz en las vidas de ellos.

Uno de los líderes de nuestro grupo de cuidado compartió que, una vez, él vivió con una mujer con la que no estaba casado. Los dos se habían criado en la iglesia, pero habían dado la espalda al Señor y habían comenzado a vivir un estilo de vida mundano. Un día, Dios envió a un creyente que realmente encendió la luz de Dios en aquella situación oscura. La mujer fue invitada a asistir a uno de nuestros servicios en la iglesia, y aceptó; mientras tanto, el hombre se quedó en casa viendo un partido de fútbol.

En el servicio, ella nació de nuevo y fue llena del Espíritu, y entonces encendió la luz en su casa. El hombre con el que había estado viviendo también nació de nuevo y fue lleno del Espíritu, y los dos se casaron. Actualmente, tienen tres hermosos hijos y dirigen un maravilloso ministerio en nuestros grupos de cuidado. ¡El esposo recientemente entró en el ministerio a tiempo completo!

¿Cómo sucedió todo aquello? *Una persona* obedeció a Dios, y Dios utilizó a ese creyente para encender su luz en la vida de esa pareja. Me encanta cómo Dios puede avanzar tanto con la vida de un solo creyente que esté dispuesto a reflejar la luz de Jesús en el mundo.

Otra persona que reflejó la luz de Dios fue José. Él sin duda mantuvo encendida la luz de Dios para Israel, y también para Egipto. La nación de Israel era aún una pequeña familia en aquella época, tan sólo la casa de Israel (Jacob), que estaba formada aproximadamente por setenta personas. José había estado separado de su familia desde que sus hermanos se habían puesto celosos y le habían vendido como esclavo. José soportó terribles dificultades y tentaciones, pero no cedió a la esposa de Potifar cuando ella intentó seducirle, no cedió a las presiones de la cárcel, y no cedió a la amargura y el resentimiento hacia sus hermanos.

No, José permaneció fiel a Dios, y Dios le dio un plan para salvar Egipto y a toda la zona del Oriente Medio durante una hambruna tremenda. La familia de José sobrevivió porque él mantuvo encendida la luz de Dios. Si alguna vez llega un momento en el que usted comience a sentirse poco importante, sólo recuerde a José y mantenga encendida la luz de Dios dondequiera que vaya. Ha habido muchos hombres como José que se permitieron a ellos mismos ser utilizados por Dios para cambiar una situación en particular.

Moisés fue otro de ellos. Al principio, cuando Dios habló a Moisés y le dijo que liberase a los israelitas de Egipto, Moisés lo estropeó todo. Lo hizo todo mal y tuvo que huir al desierto para recibir más formación. Por cuarenta años, Moisés cuidó de las ovejas de su suegro Jetro, lo cual fue sin duda un terreno de formación efectivo para alguien que sería pastor de toda la nación de Israel.

Finalmente, Dios comisionó a Moisés a que descendiera a Egipto y hablase con faraón con respecto a liberar a los israelitas de la esclavitud. Moisés y Aarón obedecieron a Dios, y definitivamente encendieron la luz de Dios. Mediante una serie de milagros, Dios comenzó a tratar con faraón, y al final, el pueblo fue liberado.

La oración enciende la luz de Dios

Moisés condujo a los israelitas en lo que resultó ser un viaje de cuarenta años por el desierto. Durante aquella época, Moisés tuvo muchas oportunidades de encender la luz de Dios para los israelitas, pero aquellas personas tan sólo murmuraron y se quejaron la mayoría del tiempo que estuvieron en el desierto; tanto que, de hecho, toda aquella generación, a excepción de Josué y Caleb, murió en el desierto sin llegar a cruzar nunca a la Tierra Prometida.

Yo creo que la vida de Moisés nos da perspectiva sobre cómo quiere Dios que los creyentes respondan cuando sus seres queridos parecen querer quedarse en la oscuridad del pecado. En una ocasión, mientras Moisés estaba en lo alto del monte Sinaí para hablar con Dios, el pueblo se volvió impaciente porque sintió que Moisés se había ido durante mucho tiempo. Le dijeron a Aarón que les hiciera un becerro de oro al que adorar. Dios le dijo a Moisés: "Estoy tan disgustado con ellos que quiero eliminarlos a todos y comenzar de nuevo contigo" (véase Éxodo 32:10).

¿Cómo respondió Moisés? Pudo haber dicho: "Bueno, Dios, esa es una buena idea, porque lo único que hacen es murmurar y quejarse". Pero no lo hizo. En cambio, Moisés dijo:

> *Oh Jehová, ¿por qué se encenderá tu furor contra tu pueblo, que tú sacaste de la tierra de Egipto con gran poder y con mano fuerte?... Acuérdate de Abraham, de Isaac y de Israel tus siervos, a los cuales has jurado por ti mismo, y les has dicho: Yo multiplicaré vuestra descendencia como las estrellas del cielo; y daré a vuestra descendencia toda esta tierra de que he hablado, y la tomarán por heredad para siempre.*
> (Éxodo 32:11, 13)

Al igual que Moisés encendió la luz de Dios para los hijos de Israel mediante la oración, nosotros podemos orar para que la luz de Dios brille en las circunstancias de otra persona. Hace algún tiempo, atravesamos un período difícil con nuestro hijo Michael. Él se había metido en las drogas, y había comenzado a intentar involucrar a algunos de los jóvenes de la iglesia en las drogas. Ese fue un período oscuro para Wally y para mí. El diablo nos perseguía y nos decía cosas como: "¿Por qué están en el ministerio? Incluso su propio hijo no sirve a Dios. ¿Quiénes son ustedes para levantarse y predicar a las personas? ¿Qué va a decir la iglesia sobre ustedes? ¿Qué va a decir la gente sobre ustedes?".

Bien, Wally y yo sencillamente les dijimos la verdad a nuestros miembros. Dijimos: "Estamos pasando un tiempo difícil. Nuestro hijo tiene problemas, y nosotros tenemos problemas. Por favor, ¿querrán orar por nosotros?". Los miembros de nuestra congregación fueron totalmente fantásticos; dijeron: "Vamos a orar por ustedes, vamos a ayunar por ustedes, y vamos a aferrarnos a la Palabra de Dios por ustedes". En todo aquel período, yo nunca escuché ninguna crítica. Nuestra congregación mantuvo la luz encendida por nosotros.

Otro de mis reflectores de luz favoritos de la Biblia es Gedeón. Sé que a veces tendemos a menospreciar a Gedeón porque cuando el ángel se le apareció por primera vez, Gedeón era penoso. Pero el ángel vio a Gedeón según la imagen de Dios —como un reflector de luz—, y le dijo: *"Jehová está contigo, varón esforzado y valiente"* (Jueces 6:12).

La respuesta de Gedeón fue algo parecido a esto: "¿Quién, yo? ¿Me conoces? Tengo un CI bajo, y mi familia es pobre; vivimos en el barrio bajo". La autoestima de Gedeón estaba literalmente por los suelos. Pero el ángel no prestó atención a la baja opinión que Gedeón tenía de sí mismo. Le dijo: "Gedeón, Dios y tú pueden expulsar a los madianitas de la tierra" (véase versículo 16).

Ahora bien, durante aquella época parecía que todo Israel iba a ser eliminado por los madianitas, y ciertamente no parecía que Gedeón fuese capaz de hacer nada para detenerlos. Sin embargo, Gedeón siguió escuchando a Dios, y Dios siguió tratando con Gedeón. Finalmente, Dios envió a Gedeón a combatir contra los madianitas sólo con trescientos hombres. Probablemente usted diga: "¿Trescientos hombres contra todo un ejército? ¡Debían de tener armas muy potentes!".

Le sorprenderá saber que sólo tenían tres tipos de armas: trompetas, cántaros y teas encendidas (véase Jueces 7:16). Ellos tocaron las trompetas y rompieron los cántaros, y la luz de sus lámparas brilló a la vez que gritaban: "*¡Por la espada de Jehová y de Gedeón!*" (versículo 20). Entonces, los madianitas huyeron y hasta terminaron matándose unos a otros con sus espadas (véase versículos 21–22). Gedeón y su pequeño grupo de soldados derrotaron totalmente al feroz ejército madianita. ¿Cómo? Llevando la luz de Dios.

¿Cuántas veces permitimos que oportunidades de encender la luz de Dios se desvanezcan porque tenemos temor? Puede que algunos se miren a ellos mismos y piensen: *Yo nunca estudié en la escuela bíblica; no me gradué de la secundaria; no tengo ninguna experiencia; no soy bien parecido; digo las cosas equivocadas; ¡sencillamente no puedo hacerlo!*

Eso es una mentira del diablo, porque usted todo lo puede en Cristo que le fortalece (véase Filipenses 4:13). A pesar de sus dificultades y faltas, Dios puede utilizarle para encender su luz en las circunstancias que le rodean. Mire a todos los hombres que he mencionado. Ellos estuvieron dispuestos a escuchar a Dios, y cuando comenzaron a responder, Él les utilizó para cambiar sus situaciones.

Es una bendición tremenda poder encender la luz de Él en una situación oscura. También es una bendición cuando Dios envía a otra persona a encender la luz por usted. Una vez, hace unos siete u ocho años, yo tuve el sentimiento de que algunos de los miembros de mi plantilla iban a dejar el ministerio porque pensaban que yo había tomado algunas decisiones equivocadas. Una joven acudió a mi llorando, y yo pensé que estaba a punto de decir que se iba. Así que le pregunté: "¿Te vas a ir?". Ella dijo: "¿Irme? ¡No! Dios me llamó aquí, y aunque puede que no entienda todo lo que usted hace, tengo confianza en usted". Amigos, su ánimo significó mucho para mí; fue como si ella hubiera encendido la luz otra vez para mí.

No siempre seremos conscientes de haber encendido la luz para otra persona. Por eso debemos ser cautos y ser guiados por el Espíritu Santo en nuestros tratos con otras personas. A veces, la amorosa luz de Dios puede brillar en la oscuridad de otra persona debido a su sonrisa, sus oraciones o sus palabras amables. Encender la luz de Dios no siempre tiene que ser algo grande. En su mayor parte, la luz de Dios brillará en las pequeñas cosas que hacemos.

> **Encender la luz de Dios no siempre tiene que ser algo grande. En su mayor parte, la luz de Dios brillará en las pequeñas cosas que hacemos.**

Leí una interesante descripción de una luciérnaga. Los pasos que da son muy pequeños, y apenas se pueden medir; y a medida que la luciérnaga se mueve por un campo en la noche, produce suficiente luz en su resplandor para iluminar un solo paso. Por tanto, a medida que la luciérnaga avanza, siempre se mueve hacia la luz.

A veces, Dios permitirá que usted bendiga a otros de una manera que producirá resultados obvios en sus vidas. Pero con mayor frecuencia, Dios permitirá que sea usted como la luciérnaga: encenderá la luz de Él durante los momentos oscuros de otra persona y, poco a poco, esa persona comenzará a moverse hacia la dirección de Dios para su vida.

UN REFLECTOR DE LUZ INESPERADO

Mire, a veces las personas más inesperadas pueden encender la luz de Dios, como le sucedió al niño Samuel. Él entró en escena durante una situación muy penosa. Samuel probablemente esperaba que Elí fuese quien encendiera la luz. Después de todo, Elí era el sumo sacerdote que debía enseñar a Samuel en el sacerdocio. Pero tristemente, Elí no fue obediente a las instrucciones de Dios con respecto a la crianza de los hijos. Elí tenía dos hijos, Ofni y Finees, a quienes les había consentido tanto que no los había disciplinado ni enseñado. Ellos estaban involucrados en el adulterio, y también robaban de las ofrendas del sacrificio (véase 1 Samuel 2:12–16, 22).

Sin duda, parecía que la luz de Dios para la atmósfera espiritual de Israel estaba a punto de extinguirse. Sin embargo, en lugar de que Elí encendiera la luz para Israel, Samuel fue el hombre de Dios para la ocasión.

Incluso cuando Samuel era un muchacho, Dios hablaba con él, y Samuel comenzó a escuchar la voz de Dios (véase 1 Samuel 3:4–14). Samuel no se volvió rebelde hacia Elí y dijo: "Usted es un mal ejemplo para mí; ¿cómo puedo ser un creyente? Y mire a sus hijos: son un desastre". No, Samuel siguió aferrado a la Palabra de Dios.

Mas adelante, cuando Israel fue atacado por los filisteos (véase 1 Samuel 4:1), el arca del pacto fue tomada, y los dos hijos de Elí murieron en la batalla. Cuando Elí oyó la noticia, *"Elí cayó hacia atrás de la silla al lado de la puerta, y se desnucó y murió; porque era hombre viejo y pesado. Y había juzgado a Israel cuarenta años"* (1 Samuel 4:18).

La esposa embarazada de Finees se puso de parto cuando llegó la noticia. Evidentemente, ella no tenía buena salud porque, cuando nació su hijo, ella estaba cerca de la muerte.

> *Y al tiempo que moría, le decían las que estaban junto a ella: No tengas temor, porque has dado a luz un hijo. Mas ella no respondió, ni se dio por entendida. Y llamó al niño Icabod, diciendo: ¡Traspasada es la gloria de Israel!* (versículos 20–21)

Ella pensaba que la luz de Dios se había apagado, pero estaba equivocada. La gloria de Dios no se había apartado de Israel. ¿Sabe usted por qué? Porque Samuel tenía la luz de Dios en su interior.

No importa quién lo estropee o se aparte; ese no es nuestro problema. Alguien que hace resistente a Satanás mantendrá encendida la luz de Dios. Jesús es la luz, y Él está en el interior de cada creyente. Si permanecemos en su luz, ¿quién sabe lo que podemos hacer por aquellos que se apartan o lo estropean?

Una mujer llamó un día con una respuesta de alabanza. Anteriormente, ella había pedido oración porque la novia de su hijo estaba embarazada y tenía programado un aborto. Sin embargo, una amiga cristiana oró con la joven y le ayudó a entender que el aborto estaba mal. Gracias a Dios, la joven cambió de opinión y decidió tener al bebé.

No sé si esa joven ha recibido a Cristo o no, pero lo que sí sé es que su amiga cristiana encendió la luz de Dios en su situación oscura. Y creo que el hijo de esa mujer, su novia y el niño van a nacer de nuevo y ser llenos del Espíritu.

Amigos, cuando oramos los unos por los otros, estamos encendiendo la luz de Dios. Me encanta encender la luz de Dios para otras personas. ¿Y a usted? ¿No preferiría orar y producir la voluntad de Dios en las vidas de las personas en lugar de apagar la luz de Dios participando en la murmuración y las peleas? Bien, evidentemente, Samuel escogió mantener la luz encendida para Israel, y la nación no se desmoronó porque la luz de Dios brillaba por medio de él.

> **Creo que Dios a veces nos permite ver problemas para que podamos orar y mantener encendida su luz hasta que Él cambie la situación.**

Cuando viajo, a veces acuden a mí algunas personas con todo tipo de historias sobre liderazgo problemático en sus iglesias. Siempre les desafío a que hagan resistente a Satanás. Les pregunto: "Bien, ¿está usted firme en la fe? ¿Está orando? ¿O está criticando y siendo negativo?". Creo que Dios a veces nos permite ver problemas para que podamos orar y mantener encendida su luz hasta que Él cambie la situación.

Otro lugar donde he visto personas encender la luz de Dios es en matrimonios que parece que se están desmoronando. Un cónyuge puede mantener encendida la luz de Dios, y muchos de esos matrimonios permanecen fuertes en la actualidad. ¿Por qué? Debido a que un cónyuge creyente se negó a permitir que la luz de Dios se apagase en su matrimonio.

Hubo otro período en la historia de Israel en el que parecía que la atmósfera espiritual de Dios estaba a punto de apagarse. Un rey llamado Joram se había casado con una mujer malvada llamada Atalía; en mi opinión, ella es la peor mujer de la Biblia. Puede que usted piense: *No, Jezabel fue la peor.* Bien, Atalía era hija de Jezabel, y creo que Atalía fue mucho mejor en cuanto a ser malvada que Jezabel.

Cuando el esposo de Atalía murió, su hijo Ocozías tomó el trono de Judá y fue asesinado mientras visitaba al rey de Israel. Atalía deseaba tanto el trono que ordenó el asesinato de sus propios nietos (véase 2 Reyes 11:1). ¡Esta mujer ciertamente fue lo peor! Sus actos podrían haber eliminado toda esperanza de que el Mesías proviniera de la casa de David. Eso habría sido totalmente devastador para Israel, al igual que para usted, para mí, ¡y para el resto del cuerpo de Cristo!

Pero Dios tenía una provisión para esa situación crítica; su provisión llegó en forma de un sacerdote llamado Joiada, que se había casado con la hija de Atalía: Josaba. Cuando su madre comenzó a matar a todos los niños, Josaba entró furtivamente, tomó al único nieto que quedaba, Joas, y lo oculto de su malvada abuela (véase 2 Reyes 11:2). Yo realmente admiro la valentía de Josaba y su deseo de hacer la voluntad de Dios, aunque eso significara ir en contra de su madre, que era capaz por completo de matar a Josaba.

Pero Josaba probablemente dijera algo como: "Dios tendrá cuidado de mí. Si perezco, que perezca, pero no puede apagarse la luz para la casa de David". Por tanto, ella robó a aquel diminuto bebé y lo ocultó en su casa por seis años. Ella y Joiada criaron a Joas, y cuando él tuvo siete años de edad, lo llevaron en secreto al templo para ser coronado rey legítimo de Israel (véase versículos 11–12).

En mitad de la celebración, Atalía llegó y lo interrumpió todo.

> *Oyendo Atalía el estruendo del pueblo que corría, entró al pueblo en el templo de Jehová... y todo el pueblo del país se regocijaba, y tocaban las trompetas. Entonces Atalía, rasgando sus vestidos, clamó a voz en cuello: ¡Traición, traición!* (versículos 13–14)

Pero sus clamores fueron en vano:

> *Mas el sacerdote Joiada mandó a los jefes de centenas que gobernaban el ejército, y les dijo: Sacadla fuera del recinto del templo, y al que la siguiere, matadlo a espada. (Porque el sacerdote dijo que no la matasen en el templo de Jehová.) Le abrieron, pues, paso; y en el camino por donde entran los de*

a caballo a la casa del rey, allí la mataron.
(2 Reyes 11:15–16)

Amigos, a pesar de todos los intentos del diablo, ¡la luz de Dios nunca se apagará! Él siempre tendrá hombres y mujeres —que hacen resistente a Satanás— que dirán: "Dios, yo voy a permanecer fiel a ti y a encender la luz en esta situación".

Le daré otro ejemplo de alguien que reflejó la voluntad de Dios: Daniel. Mientras Daniel estaba en esclavitud en Babilonia, encendió la luz de Dios para tres reyes: Nabucodonosor, Belsasar y Darío. Daniel tenía favor con Dios en el área de interpretar sueños y visiones. Ahora bien, él podría haberse vendido y apartado del pueblo de Dios; después de todo, ellos habían sido llevados cautivos debido a su propio pecado. Pero Daniel permaneció fiel a Dios y a su pueblo, y oró por los judíos.

Entonces, una noche, sucedió algo extraño mientras el rey Belsasar estaba llevando a cabo una gran fiesta y borrachera: *"En aquella misma hora aparecieron los dedos de una mano de hombre, que escribía delante del candelero sobre lo encalado de la pared del palacio real"* (Daniel 5:5).

¿Puede imaginar lo poco normal que aquello debió de haber sido? De repente, apareció una mano de la nada y comenzó a escribir en la pared. Bien, Belsasar estaba aterrado:

Entonces el rey palideció, y sus pensamientos lo turbaron, y se debilitaron sus lomos, y sus rodillas daban la una contra la otra.
(versículo 6)

¡Yo creo que es casi gracioso! Aquí, Belsasar se está burlando de Dios al permitir que los vasos de oro que habían sido tomados del templo fueran utilizados como vasos para beber en su fiesta. ¿Pero qué sucedió cuando apareció la mano de Dios? El rostro de Belsasar palideció, todo su cuerpo comenzó a temblar, ¡y sus rodillas comenzaron a chocarse!

Ninguno de los astrólogos ni adivinos del rey sabía lo que había sido escrito en la pared ni lo que significaba. De hecho, hubo sólo una persona en todo el reino que pudo interpretar la Escritura en la pared. Eso es: Daniel fue el único hombre que pudo encender la luz de Dios en esa situación.

> **Cuando mire a su alrededor y vea todos los problemas en el mundo, no se ponga nervioso, porque no puede estar tan oscuro si usted está cerca. Usted hace resistente a Satanás.**

Amigo, cuando mire a su alrededor y vea todos los problemas que hay en el mundo, no se ponga nervioso, porque no puede estar tan oscuro si usted está cerca. Usted hace resistente a Satanás: la provisión de Dios para las situaciones oscuras. Lo único que tiene que hacer es encender la luz de Dios donde quiera que usted vaya.

La última persona de la que quiero hablarle es el apóstol Pablo, cuyo nombre era originalmente Saulo.

Mas yendo por el camino, aconteció que al llegar cerca de Damasco, repentinamente le

rodeó un resplandor de luz del cielo; y ca-
yendo en tierra, oyó una voz que le decía:
Saulo, Saulo, ¿por qué me persigues?
(Hechos 9:3–4)

Antes de que Saulo tuviera un encuentro con Jesús, estaba en oscuridad. Aunque puede que amase a Dios, él intentaba servir a Dios con su mente y su enseñanza legalista. Sin embargo, Dios quería que Pablo encendiese su luz, y por eso envió a la luz —Jesús— a Saulo. Después de que Saulo recibiera la luz de Cristo, Dios le hizo una luz para los gentiles (véase Hechos 13:47). Dios envió a Pablo a predicar a los gentiles, y ese fue el comienzo de un tremendo avivamiento que se extendió hasta llegar a usted y a mí.

Al igual que Pablo era un reflector de luz, usted y yo somos también reflectores de luz. Jesús es la Luz del mundo, y aunque los creyentes no somos la verdadera luz, debemos reflejar la Palabra y la voluntad de la maravillosa Luz que mora en nuestro interior. Mediante el poder de Dios, podemos ser personas que hacen resistente a Satanás a medida que reflejamos la Palabra de Dios y su voluntad por toda la tierra.

Capítulo 9

ESTABLEZCA LAS PRIORIDADES DE DIOS

Si yo le preguntase cuál cree usted que es la prioridad número uno de Dios, ¿respondería "la gente"? Si es así, tendría toda la razón: ¡A Dios le encanta la gente! Nosotros somos su prioridad número uno. La Biblia dice que cuando Dios creó a las personas, *"los bendijo Dios, y les dijo: Fructificad y multiplicaos; llenad la tierra"* (Génesis 1:28).

Esta Escritura nos hace saber que Dios amaba tanto a las personas que no estaba satisfecho sólo con una pareja; en cambio, Él quería que la tierra estuviera habitada por muchas personas. Por tanto, les dijo a Adán y Eva: "Quiero que den fruto —tengan hijos— y llenen la tierra". Observemos que Dios se refiere a las personas como "fruto". Supongo que podríamos decir que el fruto favorito de Dios son sus hijos: *"He aquí, herencia de Jehová son los hijos; cosa de estima el fruto del vientre"* (Salmos 127:3).

Aquí vemos de nuevo la gran importancia que Dios da a sus hijos. Aquellos de ustedes que no tienen hijos puede que pregunten: "¿Cómo se aplica esta enseñanza a mí?". Se aplica a usted porque, algún día, si se casa y tiene hijos, necesitará saber cómo hacer a sus hijos resistentes a Satanás mediante una educación adecuada. Creo que si comienza a planificar de antemano y aprender ahora, Dios le dará tanta sabiduría con respecto a la crianza que, cuando tenga hijos, ¡será usted uno de los mejores padres del mundo!

Dios dice que los hijos son nuestra herencia, nuestro fruto, nuestra recompensa. Imagino que hay muchas veces en las que algunos padres sienten que podrían haberse pasado sin algunas de sus recompensas. Sin embargo, Dios dice que los hijos son nuestra herencia. Dios da prioridad a la familia, y Él considera que nuestros hijos son muy importantes.

LAS PRIMICIAS DE DIOS

Quiero hablarle de las primicias. Cuando usted ve la palabra "primicias" en la Biblia, está identificando las prioridades de Dios. No es necesario decir que las primicias de Dios —sus prioridades— puede que no siempre sean las mismas que las nuestras, aunque deberían serlo. ¿Cuáles son las primicias de Dios?

Dios les dijo a los israelitas que sus primicias —sus hijos varones primogénitos— le pertenecían a Él. Sin embargo, en lugar de tomar literalmente a sus hijos de ellos, Dios designó que toda la tribu de los levitas fuera símbolo de las primicias de la nación de Israel: *"Y tomarás a los levitas para mí en lugar de todos los primogénitos de los hijos de Israel... Yo Jehová"* (Números 3:41).

Los israelitas participaban en ceremonias de dedicación de sus hijos; el trigésimo día después de que naciera el primer hijo de una familia, el padre y la madre presentaban al bebé al sacerdote, quien preguntaba a la madre: "¿Es éste tu primer hijo?". Ella decía: "Sí". Entonces, el sacerdote preguntaba al padre: "¿Es éste tu primer hijo?", y el padre respondía: "Sí". Al afirmar que el niño era su primogénito, aquellos padres estaban entregando simbólicamente el niño a Dios.

Después, se requería de los padres que redimiesen a su hijo —le volvieran a comprar— pagando los cinco shekels al sacerdote (unos 3.20 dólares) (véase Números 3:40–51). Puede que usted piense que es bastante extraño que los padres tuvieran que comprar de nuevo a sus propios hijos, ¡y sólo por 3.20 dólares cada uno! En realidad, esta cantidad era un impuesto que Dios había establecido para proporcionar apoyo económico para los sacerdotes y levitas.

Sin embargo, el concepto de la redención es muy importante para usted y para mí en la actualidad porque nosotros, como creyentes, hemos sido redimidos: "*Cristo nos redimió de la maldición de la ley*" (Gálatas 3:13). No hemos sido redimidos con cosas corruptibles como plata y oro, sino con la sangre preciosa de Jesús (véase 1 Pedro 1:18; Apocalipsis 5:9). Ya que Dios ha destinado a todas las personas para entrar en su familia, cada persona que nace en esta tierra es un hijo primogénito potencial de Dios. ¿Ve cómo las personas son la prioridad número uno de Dios?

Las personas no son sólo las primicias de Dios. Dios también habló a los israelitas sobre las primicias de su cosecha (véase Éxodo 23:16). Dios dijo: "Háganme a mí su prioridad. Pónganme primero en todo lo que hagan. Al comienzo de la cosecha, tráiganme sus primicias". Actualmente, usted da a Dios las primicias de su cosecha cuando paga su diezmo —el 10 por ciento de sus ingresos— al alfolí (su iglesia local). Al hacerlo, usted está diciendo: "Dios, tú eres la prioridad en mi vida. Tú eres mi Fuente, y te entrego mis primicias a ti".

Dios ha mandado que su pueblo diezme, diciendo: *"Traed todos los diezmos al alfolí"* (Malaquías 3:10). Está muy mal que muchos cristianos permitan que Dios les libere de todo tipo de estilo de vida de pecado, asistan regularmente a la iglesia y estudien sus biblias, pero no estén comprometidos a diezmar. Entonces, se preguntan por qué nunca parece ser capaces de lograr sus objetivos económicos. Se debe a que no confían en Dios para que haga sus finanzas resistentes a Satanás diezmando sus primicias. Pasan por alto la seguridad que hay en Malaquías 3:11: *"Reprenderé también por vosotros al devorador, y no os destruirá el fruto de la tierra"*.

He observado que las personas que pagan sus diezmos fielmente parecen tener mucho más que las personas que no lo hacen. También he escuchado algunos increíbles testimonios de cómo Dios ha tomado el 90 por ciento de los ingresos de alguien y lo ha estirado hasta cubrir toda necesidad económica, ¡y dejando algún resto! Cuando los cristianos me hablan sobre sus problemas económicos, yo siempre les pregunto: "¿Diezma usted?". Algunas personas responden: "No, no me lo puedo permitir". Yo les dijo: "Realmente no puede permitirse *no* diezmar".

Nos guste o no, tenemos que obedecer a Dios, y Él ha dicho que nuestros diezmos —nuestras primicias— le pertenecen a Él. Cuando damos a Dios

> **Cuando damos a Dios nuestras primicias, es como si estuviéramos plantando una semilla. Dios multiplicará esa semilla y producirá una gran cosecha.**

nuestras primicias, es como si estuviéramos plantando una semilla. Dios multiplicará esa semilla y producirá una gran cosecha.

Otra de las primicias de Dios es la nación de Israel: *"Santo era Israel a Jehová, primicias de sus nuevos frutos. Todos los que le devoraban eran culpables; mal venía sobre ellos, dice Jehová"* (Jeremías 2:3). Dios reclamó como suya toda la nación de Israel, y siempre que Dios habla sobre sus "primeros", está planeando una gran cosecha. Por tanto, aunque Israel puede que haya sido la primera nación de Dios, ¡tan sólo miremos a los millones de personas de otras naciones que han nacido de nuevo debido a los tratos de Dios con los israelitas!

Israel fue la semilla de la cual Dios esperaba una gran cosecha de muchas otras naciones que se convirtieran en su pueblo. El mismo principio funcionará para nosotros actualmente con respecto a nuestros hijos. Cuando dedicamos a nuestros hijos a Dios cuando son pequeños y los criamos en el temor y el consejo del Señor, ¿qué sucede? Dios se convierte en la prioridad de ellos, y comienzan a testificar a otros del amor de Jesucristo. Comienzan a encender la luz de Dios en las vidas de otras personas, ¡y a llevar a otros a Cristo!

¿Ha oído alguna vez a personas decir: "Usted no puede superar a Dios en dar"? Sin duda, eso es verdad; pues Dios dijo: "Debido a que las personas son muy prioridad y les estoy pidiendo que me den sus primicias, yo voy a devolverles lo mejor de mí: mi Hijo primogénito". ¿Quién es el primogénito de Dios? Sí, es Jesús.

> *Porque a los que antes conoció, también los predestinó para que fuesen hechos conformes a la imagen de su Hijo, para que él sea el primogénito entre muchos hermanos.*
> (Romanos 8:29)

> *En quien tenemos redención por su sangre* [la sangre de Jesús], *el perdón de pecados. El es la imagen del Dios invisible, el primogénito de toda creación.*
> (Colosenses 1:14–15)

> *Y otra vez, cuando introduce al Primogénito en el mundo, dice* [Dios]: *Adórenle todos los ángeles de Dios.* (Hebreos 1:6)

Dios nos dio sus primicias, Jesús, porque Él quería una cosecha: una gran familia de "*coherederos*" con Cristo.

> *El Espíritu mismo da testimonio a nuestro espíritu, de que somos hijos de Dios. Y si hijos, también herederos; herederos de Dios y coherederos con Cristo.*
> (Romanos 8:16–17)

Dios nos invita a todos a entrar en su reino como herederos; ciertamente, coherederos con Jesucristo.

La prioridad número uno de Dios son las personas. Nosotros siempre hemos sido el primer interés de Dios.

CUIDADO DE LAS PRIORIDADES DE DIOS

Cuando vemos cómo Dios enseñó a los israelitas a tener cuidado de sus hijos, vemos la imagen del tipo de padres que Dios quiere que seamos, y que Él quiere que nuestros hijos sean nuestra prioridad.

Recuerde que en el capítulo 5 hablamos de que las personas están destinadas —apartadas— para sojuzgar la tierra y ser benditas: ser situadas en una actitud de adoración. Eso puede tener lugar sólo después de que nuestras mentes hayan sido renovadas, y hayamos sido conformados a la imagen de Jesucristo. ¿Verdad? Por tanto, cuando nacemos de nuevo es cuando nos convertimos en el primogénito de Dios.

Realmente quiero que usted entienda que debe nacer de nuevo. Sólo porque sus padres puede que sean cristianos nacidos de nuevo, eso no significa automáticamente que usted sea cristiano. No, usted tiene que recibir a Cristo en su vida. Puede que sus padres permanezcan en fe por su salvación, pero usted tiene que nacer de nuevo personalmente.

Cuando usted nace de nuevo, se convierte en un primogénito, porque Jesús es el primogénito de Dios y usted entró en la familia de Dios mediante su fe en Cristo. Ahora veamos lo que Jesús dice sobre usted: "*Y les he dado a conocer tu nombre* [de Dios], *y lo daré a conocer aún, para que el amor con que me has amado, esté en ellos, y yo en ellos*" (Juan 17:26).

Jesús dijo que su Padre celestial le ama a usted tanto como ama a Jesús. Sé que eso suena demasiado maravilloso para ser cierto; sin embargo, Dios le ama a usted tanto como ama a Jesús.

PROTEGER LAS PRIORIDADES DE DIOS

Volvamos atrás y veamos lo que Dios dijo sobre el primogénito de los egipcios cuando los israelitas eran cautivos de faraón: "Voy a juzgar a Egipto; ¡voy a enviar al devorador y tomar el hijo primogénito y todo animal primogénito en Egipto!" (véase Éxodo 11:4–6). Dios ya había destruido la primera parte de su cosecha.

Debió de haber sido verdaderamente devastador para los egipcios que primogénitos, animales y posesiones fueran destruidos. Probablemente se preguntaran por qué los israelitas no estaban experimentando las mismas catástrofes. Se debía a que los israelitas estaban bajo la protección de Dios, y ellos obedecieron la Palabra de Dios, que les indicó lo siguiente:

> *Hablad a toda la congregación de Israel, diciendo: En el diez de este mes tómese cada uno un cordero según las familias de los padres, un cordero por familia... El animal será sin defecto, macho de un año; lo tomaréis de las ovejas o de las cabras. Y lo guardaréis hasta el día catorce de este mes, y lo inmolará toda la congregación del pueblo de Israel entre las dos tardes. Y tomarán de la sangre, y la pondrán en los dos postes y en el dintel de las casas en que lo han de comer.* (Éxodo 12:3, 5–7)

La esencia del mensaje era que cada casa que tuviera la sangre del cordero sacrificial en sus puertas no sería tocada por el ángel de la muerte, quien vería la sangre; el primogénito de cada casa sería protegido bajo la sangre del pacto. Durante la Pascua, Dios quiso salvar a los israelitas adultos de la destrucción, pero también quiso salvar a sus hijos.

> **Los hijos son nuestro fruto, nuestra recompensa y nuestra herencia, y es muy importante para Dios que nuestros hijos nazcan en su reino.**

Lo mismo es cierto en la actualidad. No es suficiente con que los adultos seamos salvos; Dios quiere que nuestros hijos estén bajo su pacto de sangre y lleguen a ser su primogénito mediante Jesucristo. Los hijos son nuestro fruto, nuestra recompensa y nuestra herencia, y es muy importante para Dios que nuestros hijos nazcan en su reino. Por eso Dios les dijo a los israelitas que pusieran la sangre en las puertas, para que sus hijos pudieran convertirse en parte de la relación de pacto con Dios.

Puede que usted diga: "Sí, Marilyn, pero acaba de decir que los padres no pueden tomar la decisión con respecto a la salvación de sus hijos". Tiene usted razón; sin embargo, déjeme mostrarle lo que los padres pueden hacer. Después de nuestra relación con Dios y nuestra relación con nuestro cónyuge, podemos hacer de la relación con nuestros hijos nuestra primera prioridad. Mientras los hijos vivan en nuestras casas, están bajo nuestro pacto de protección de Dios: *"Porque el marido incrédulo es santificado en la mujer, y la mujer incrédula en el marido; pues de otra manera vuestros hijos serían inmundos, mientras que ahora son santos"* (1 Corintios 7:14).

¿Ha entendido que un creyente en la casa hace que la sangre Jesús esté sobre esa casa entera? ¡Eso es! La sangre de Jesús en un creyente santifica la casa y marca —aparta, o llama la atención de Dios— a cada persona que vive en esa casa. Dios no está interesado sólo en ese creyente; también quiere establecer una relación de pacto con cada miembro de la familia. Dios quiere que, como padres cristianos, demos fruto (nuestros hijos) para que puedan llenar la tierra.

Comparemos Escritura con Escritura y veamos lo que Jesús dijo sobre su fruto: *"Os he puesto para que vayáis y llevéis fruto, y vuestro fruto permanezca"* (Juan 15:16).

Ahora, volvamos a Génesis 1:28, donde Dios les dijo a Adán y Eva que diesen fruto. Después leamos Salmos 127:3-5, que dice que los hijos son su fruto porque son su herencia y recompensa. Cuando usted trae hijos al mundo, y después al reino de Dios, ellos pueden ser benditos (llevados a una actitud de adoración). Entonces, ellos comenzarán a hacer la tierra resistente a Satanás convirtiéndose en reflectores de luz. Ellos reflejarán la maravillosa Palabra de Dios y su voluntad en los lugares oscuros de las vidas de otras personas y harán que se acerquen a Dios.

Por eso Dios quiere que los padres seamos diferentes cuando se trata de ocuparnos de nuestros hijos. No podemos darles casualmente una Biblia y decirles que la lean cuando sean más mayores o cuando tenga ganas. No podemos tratar a nuestros hijos así y esperar que ellos den fruto que permanece.

> **Dios no quiere que nuestros hijos o nietos se pierdan; quiere que llevemos nuestro fruto al cielo con nosotros.**

Dios no quiere que nuestros hijos o nietos se pierdan; quiere que llevemos nuestro fruto al cielo con nosotros. Y como nuestros hijos son la prioridad número uno de Dios, como padres necesitamos asegurarnos de que nuestros hijos sean también la prioridad número uno para nosotros.

LAS PRIORIDADES DE DIOS
Y LAS PRIORIDADES DEL MUNDO

Hay tanto énfasis en el materialismo actualmente que no es sorprendente que nos refiramos a las mareas culturales de rápido cambio como "carrera de locos". Algunos padres están tan involucrados en ponerse por delante y mantener el ritmo que han comenzado a descuidar a sus hijos. Por ejemplo, cuando los dos padres trabajan, es común que trabajen tanto que tengan poco tiempo para pasarlo con sus hijos. Cuando esto sucede, ¿qué hacen? Compran un televisor más grande con cientos de canales, compran juegos de video para sus hijos, y después se preocupan de que sus hijos estén expuestos a demasiada violencia.

No estoy diciendo que los padres no deberían trabajar, pero sí digo que muchos padres han situado sus prioridades en los lugares equivocados. Demasiados padres trabajan hasta el punto de llegar a su casa demasiado cansados para pasar tiempo con sus hijos. Intentan encerrar todas las "necesidades de tiempo" de sus hijos en una pequeña y estrecha caja que denominamos "tiempo de calidad", pero tristemente, sus hijos se están perdiendo porque reciben una prioridad muy baja en las vidas de sus padres. Sin embargo, Dios dice que nuestros hijos son nuestra recompensa, nuestra herencia y nuestro fruto. Ellos son fruto que tiene que permanecer después de que nosotros dejemos la tierra.

Recibí el testimonio de una mujer, y el distorsionado sentimiento de prioridades de su padre causó un tremendo sufrimiento para toda la familia. Ese hombre era incapaz de encontrar un empleo, y en lugar de buscar la provisión de Dios para su familia, tomó la decisión de involucrarse en el crimen organizado. ¡Qué trágico! En lugar de proteger a su familia y hacer su casa resistente a Satanás, aquel hombre se convirtió en la herramienta mediante la cual Satanás causó una terrible humillación y tormento a toda su familia.

¿Por qué sufrió esa familia? Porque las prioridades del padre estaban desordenadas. Recuerde que después de nuestra relación con Dios y con nuestro cónyuge, nuestros hijos van primero. Si este padre hubiera estado buscando la sabiduría de Dios primero para él mismo y después para su familia, esa tragedia nunca se habría producido.

Hablemos sobre algunas otras cosas que es incorrecto priorizar, como autos, casas y trabajos. Una vez más, no estoy diciendo que esté mal desear esas cosas, pero algunos padres y madres —en especial padres— con frecuencia ponen más énfasis en pagar un nuevo auto que jugar con sus hijos. Cuando

Jesús regrese a buscar al cuerpo de Cristo, ¿van a decir ellos: "Por favor, deja que me llevé conmigo mi Porsche"? Puede que lo digan pero, créame, ¡sus autos se quedarán aquí!

¿Y una nueva casa? Aunque tenga cinco dormitorios y cuatro baños, si el dueño es un creyente, cuando Jesús venga otra persona estará disfrutando de la casa, y sus anteriores ocupantes ya no estarán.

Y consideremos a alguien que tenga una prestigiosa posición que tiene en alta estima; quizá sea el presidente o director general de empresa. No podrá llevarse su posición al cielo con él, pero puede llevarse a sus hijos con él. Después de Dios y su cónyuge, ellos son la parte más preciosa de su vida. La prioridad número uno con Dios, y necesitan ser una prioridad número uno también con él.

Llévese a sus hijos al cielo con usted

Hay cuatro importantes principios que quiero compartir con respecto a llevarse a sus hijos al cielo con usted: cómo verlos como Dios los ve, cómo enseñarles, cómo orar con ellos y cómo ser ejemplo de una vida santa para ellos.

Vea a sus hijos como Dios los ve

Algunos puede que piensen: *Marilyn, me gustaría llevar a mis hijos conmigo al cielo. He intentado hablar con ellos al respecto, pero sencillamente no responden.* Independientemente de cómo se vean las circunstancias, sus hijos pueden ir con usted al cielo. Lo primero que hay que hacer es aprender a ver a sus hijos tal como Dios los ve: preciosos y valiosos. Comience a pensar en sus hijos como un fruto hermoso al que usted preparará para llevar el amor de Cristo.

Permítame compartir un testimonio sobre un joven cuya familia no entendía que él era la prioridad número uno para Dios. A muy temprana edad, ese muchacho recibió abusos sexuales de su abuela y abusos mentales y físicos de sus padres.

Después del divorcio de sus padres, la madre del muchacho consiguió un empleo, y él se convirtió en un niño que estaba solo en casa. La madre escribió que su hijo había sido herido tan profundamente por todo el abuso que había sufrido, que intentaba hacer todo lo posible para no ser una carga para ella. Él se ocupaba de la casa mientras su mamá trabajaba, nunca llegaba tarde a la escuela y nunca se metía en problemas. Vivía en silencio consigo mismo hasta el punto de no compartir nunca con su madre sus necesidades con respecto a la escuela ni ninguna otra cosa. Su madre no consideraba a su hijo una prioridad; en cambio, centraba toda su atención en ella misma.

Los padres de ese muchacho puede que ignorasen a su fruto, pero el diablo ciertamente no lo hizo. Cuando el muchacho estaba en sexto grado, comenzó a cambiar y empezó a beber, fumar y consumir drogas. Sin embargo, la vida de su madre también comenzó a cambiar. Ella volvió a casarse con un hombre que también se convirtió en una fuerza negativa en la vida de su hijo, pero ella también se dedicó de nuevo a Dios y fue llena del Espíritu.

La madre comenzó a orar por su hijo, y Dios comenzó a revelar cómo la conducta abusiva había moldeado su vida. El Espíritu Santo le indicó cómo ser amorosa y comprensiva; cómo convertirse en la protectora de su fruto, incluso si eso significaba dar un paso firme contra la conducta abusiva de su nuevo esposo. Ella escribió:

> Un regalo que Dios me ha dado es la firme determinación de seguir adelante cuando sé que he escuchado de parte de Él. He visto a mi hijo pasar de ser herido, recibir abuso y tener un terrible resentimiento a volverse tierno y abierto conmigo otra vez. Su "Te quiero, mamá" es más precioso que ninguna otra cosa que yo haya logrado con la ayuda de Dios.

Aunque las circunstancias de esta familia puede que estén muy lejos de lo ideal, Dios sin duda se está moviendo de modo poderoso para producir sus deseos en la vida de la madre y en la vida de una de sus prioridades número uno: su hijo.

Con frecuencia, cuando nuestros hijos son particularmente dulces, pensamos: *Oh, ¿no son una hermosa recompensa?* Cuando nuestros hijos no son tan dulces, sin embargo, decimos: "No puedo manejarlos; son demasiado difíciles de manejar". Pero Dios no dijo que nuestros hijos son nuestra recompensa sólo cuando se portan bien y son agradables, ¿verdad? No, Él dijo que son nuestra recompensa, ¡punto! Independientemente de cómo se comporten, nuestros hijos siguen siendo nuestra herencia.

Es muy importante que entendamos que incluso cuando puede que lo hayamos estropeado con nuestros hijos y se haga difícil manejarlos, nuestros hijos siguen siendo nuestro fruto. Cuando los padres comenzamos a confiar en Dios y a alinear nuestras vidas con su Palabra y su voluntad, pronto comenzaremos a ver a nuestros hijos convertirse en el precioso y valioso fruto que Dios ve cuando los mira.

ENSEÑE A SUS HIJOS

Otra cosa que los padres cristianos necesitamos hacer es enseñar la Palabra de Dios y sus principios a nuestros hijos. Algunos piensan que llevar a sus hijos a la escuela dominical una vez por semana es suficiente. Pero, amigos, cuarenta y cinco minutos o una hora por semana sencillamente no es tiempo suficiente para que sus hijos lo empleen aprendiendo sobre Dios.

El libro de Deuteronomio contiene el programa de enseñanza más intenso para niños que conozco:

> *Y las enseñaréis a vuestros hijos, hablando de ellas cuando te sientes en tu casa, cuando andes por el camino, cuando te acuestes, y cuando te levantes, y las escribirás en los postes de tu casa, y en tus puertas; para que sean vuestros días, y los días de vuestros hijos, tan numerosos sobre la tierra que Jehová juró a vuestros padres que les había de dar, como los días de los cielos sobre la tierra.* (Deuteronomio 11:19–21)

¡Dios pone la responsabilidad de enseñar a nuestros hijos sobre Él directamente sobre nuestros hombros! Permita que le pregunte: ¿Lee usted la Biblia con sus hijos? ¿Les ayuda a aplicar la Palabra de Dios a sus situaciones diarias? Si quiere agradar a Dios con respecto a sus hijos, entonces dele motivos para decir de usted lo que dijo de Abraham: "*Porque yo sé que mandará a sus hijos y a su casa*

después de sí, que guarden el camino de Jehová"
(Génesis 18:19).

> ## Dios quiere bendecirnos y multiplicarnos, y quiere bendecir y multiplicar nuestras simientes.

Los cristianos son la simiente de Abraham. ¿Qué dijo Dios sobre la simiente de Abraham? Dijo que la bendeciría y multiplicaría (véase Génesis 22:17). Amigos, Dios quiere bendecirnos y multiplicarnos, y quiere bendecir y multiplicar nuestras simientes. Pero, al igual que Abraham, debemos entender que esta bendición no se producirá automáticamente sólo porque nuestros hijos nacieron en nuestra casa. No, nuestros hijos serán bendecidos y multiplicados cuando nosotros hagamos nuestra parte y les *enseñemos* en los caminos del Señor.

Comience a hacer a sus hijos resistentes a Satanás aplicando la sangre de Jesús a sus vidas, considerándoles individuos valiosos y enseñándoles la Palabra de Dios. Entonces, cuando ellos sean lo bastante mayores, tomarán la misma decisión sabia que usted tomó de recibir a nuestro amoroso Salvador en sus corazones.

Cuando mi hijo Mike tenía unos diez u once años de edad, yo comencé a memorizar el libro de Proverbios. Pensé que sería bueno si mis hijos memorizasen parte de él también, y por eso hice que Mike y Sarah memorizaran los seis primeros capítulos de Proverbios.

Un día, Mike dijo: "Mamá, he hablado con los niños en la iglesia, y tú eres la única mamá que hace a sus hijos memorizar Proverbios". Yo no respondí, así que él se puso más dramático: "Mira, Mamá, probablemente tú eres la única mamá en toda la ciudad que hace a sus hijos memorizar Proverbios". Cuando yo seguí sin responder, Mike se desesperó un poco. "¡Mamá! Esto es horrible; ¡tú eres la única mamá en todo el *mundo* que hace a sus hijos memorizar Proverbios!". Yo finalmente dije: "Creo que eso es maravilloso, Mike. Tú eres muy bendecido por tener la única mamá en el mundo que te está ayudando a memorizar la Palabra de Dios".

La Biblia dice que si criamos a nuestros hijos en los caminos de Dios, cuando sean viejos no se apartarán de esos caminos (véase Proverbios 22:6). Incluso ahora, cuando Mike me visita en mi oficina, con frecuencia me alienta con algunas de las Escrituras que él memorizó de niño. Cuando usted comience a plantar la Palabra de Dios en los corazones y mentes de sus hijos, recuerde que la Palabra no puede regresar vacía (véase Isaías 55:11). La Palabra de Dios siempre prosperará y hará la obra que Dios ha establecido que haga en las vidas de sus hijos.

Ore diariamente por sus hijos

El tercer punto importante es la oración diaria. Wally y yo siempre apoyamos a nuestros hijos en sus actividades escolares. Un día, en uno de los partidos de baloncesto de Sarah, la mujer que estaba sentada a mi lado compartió que su esposo y ella habían nacido de nuevo y estaban llenos del Espíritu; sin embargo, cuando compartieron la buena noticia de su conversión con su hijas adolescentes, las hijas se habían molestado mucho. Ellas comenzaron a quejarse porque sus padres oraban y citaban Escrituras en las comidas. Las hijas decían: "¡Estamos muy cansadas de todos estos 'Amén' y 'Aleluya'!". Ellas se habían resistido mucho al nuevo estilo de vida de sus padres, y había habido muchas peleas en la casa.

Por tanto, la mujer había comenzado a orar, pidiendo a Dios que le diera sabiduría en la situación. El Señor le dijo que ayunase un día por semana y orase por sus hijas, y ella lo hizo por siete meses. Ahora, sus dos hijas han nacido de nuevo y son llenas del Espíritu, y regularmente se unen a su madre y a su padre para alabar al Señor.

Ore por sus hijos regularmente, y no olvide orar con ellos. Con frecuencia oigo a padres hablar sobre el tiempo que pasan orando *por* sus hijos, pero descuidan orar *con* ellos. Junto con enseñar a nuestros hijos la Palabra de Dios, necesitamos enseñarles a orar fervientemente, porque "*la oración eficaz del justo puede mucho*" (Santiago 5:16).

De nuevo, la palabra *eficaz* puede significar "muy ardiente, resplandeciente". Asegúrese de que sus hijos saben cómo hacer esas oraciones resplandecientes y ardientes que realmente hacen que las cosas se muevan en la esfera espiritual.

Veamos otra verdad sobre la oración. Una mañana, yo estaba orando por mi hijo y el Señor habló a mi corazón: "Marilyn, vas a tener tu recompensa en tus hijos". Cuando pregunté a Dios como sucedería eso, Él me indicó Hebreos 11:6: "*Porque es necesario que el que se acerca a Dios crea que le hay, y que es galardonador de los que le buscan*".

Cuando "busquemos" a Dios con respecto a nuestros hijos, veremos a nuestros hijos, nuestra recompensa. Por tanto, comience a orar por sus hijos en este momento. Ore por su educación, por sus amigos y por sus futuros cónyuges. Comience a hacer sus futuros resistentes a Satanás. En el nombre de Jesús, afirme que sus hijos irán al cielo con usted, ¡aunque tenga que arrastrarlos!

> **Cuando "busquemos" a Dios con respecto a nuestros hijos, veremos a nuestros hijos, nuestra recompensa.**

Comience vigilias diarias sobre sus hijos. Reprenda al diablo y, en el nombre de Jesús, ¡niéguese a permitirle tener su simiente! Determine llevar a sus hijos al cielo orando y, aunque suceda en el último segundo antes de que mueran, ellos recibirán a Jesús en sus corazones.

Sea un ejemplo de vida santa para sus hijos

En último lugar, quiero hablar sobre su estilo de vida. Sencillamente no puede usted vivir con un doble rasero delante de sus hijos. No puede decirles a sus hijos: "No quiero que bebas, fumes, consumas drogas ni seas sexualmente activo", a menos que usted mismo esté viviendo una vida limpia y mostrando esas conductas, pues ellos pensarán que usted es un hipócrita, y tendrán razón. Si usted vive una vida descuidada, entonces no puede esperar que sus hijos prosperen porque está sembrando mala semilla en sus vidas.

Una mujer me dijo que ella quería realmente que su hija naciera de nuevo y se entregara por completo a Jesucristo. Ahora bien, esta madre era cristiana pero era desordenada su asistencia a la iglesia y no diezmaba. Voy a decirle algo: sus hijos cosecharán el tipo de vida que usted siembre. Los hijos seguirán su ejemplo.

Una vez más, la Biblia dice que un creyente santifica a la familia. Si usted no está dirigiendo su vida según la Palabra de Dios, entonces no espere que sus hijos vivan tampoco vidas consagradas.

Antes de seguir avanzando, me gustaría que hiciera esta oración conmigo:

Amado Padre celestial, te doy gracias hoy por tu maravillosa Palabra y su seguridad para mis hijos. Gracias por mis recompensas y mi herencia, por este maravilloso fruto que tú has puesto en mis manos. Ahora, Padre, presento estas áreas en las que he fallado, y me arrepiento de mis pecados y errores. De ahora en adelante, después de mi relación contigo y con mi cónyuge, me comprometo a que mis hijos sean mi prioridad número uno. Prometo considerarlos individuos valiosos, enseñarles tu Palabra (si no puedo compartirla con ellos personalmente, le enviaré a cada uno la Biblia), orar por ellos, y llevar una vida santa delante de ellos. Cuando me vaya al cielo, sé que mis hijos me seguirán. En el nombre de Jesús, amén.

Capítulo 10

PODER TRANSFORMADOR

Estoy segura de que todos quieren ver a sus familias avanzar; quieren ver a su cónyuge, sus hijos y el resto de sus seres queridos realmente comenzar a caminar victoriosamente en el Señor. Por tanto, cuando sus seres queridos sufren, son heridos o derrotados, usted también se duele, ¿verdad?

Recuerdo la primera vez que mi hija Sarah tuvo fiebre alta. Tenía sólo unos tres meses de edad, y estábamos planeando un viaje a Nebraska. Ella estaba muy enferma, y aunque orábamos y orábamos, no parecía mejorar; de hecho, empeoró. Finalmente, Wally dijo: "Voy a la farmacia a comprar algo para ella. Llama al médico; no podemos seguir así".

Ver sufrir a nuestra pequeña niñita fue muy difícil para nosotros. Sé que la mayoría se habrá sentido (o se sentirá) de ese modo en algún momento. Duele ver sufrir a nuestros seres queridos; y también duele cuando sabemos que nuestros seres queridos no están caminando en la victoria disponible para ellos en Jesucristo. Sin embargo, como personas que hacemos resistentes a Satanás, no vamos a centrarnos en el dolor, ¡vamos a centrarnos en Jesucristo! Por fe, vamos a tomar autoridad sobre las situaciones de nuestros seres queridos y comenzar a operar en el poder transformador de Dios para ellos. Ese es el propósito de alguien que hace resistente a Satanás: transformar las circunstancias y sojuzgar la tierra.

Dios nunca quiso que nos quedáramos pasivos observando al diablo cubrir la tierra de destrucción. Por eso Dios dio a los creyentes autoridad sobre el diablo: "*He aquí os doy* **potestad** *de hollar serpientes y escorpiones, y sobre toda* **fuerza** *del enemigo, y nada os dañará*" (Lucas 10:19, énfasis añadido).

> **Usted recibió la autoridad de Dios en el momento en que nació de nuevo, y si ha sido bautizado en el Espíritu, se le ha dado el poder milagroso de Dios.**

En el capítulo 6 vimos que la primera vez que la palabra "*potestad*" aparece en este versículo se refiere a "autoridad"; la segunda vez, la palabra "*fuerza*" se refiere a "poder milagroso". Usted recibió la autoridad de Dios en el momento en que nació de nuevo, y si ha sido bautizado en el Espíritu, se le ha dado el poder milagroso de Dios. ¿Qué ha de hacer con la autoridad y el poder de Dios? Evitar que Satanás cause estragos en su área de influencia.

Había una mujer de Chicago que había estado participando en nuestro plan de lectura de la Biblia, y ella nos escribió que su hijo había sido clasificado por la policía como delincuente habitual: estaba desesperadamente encerrado en una mentalidad delictiva. Pero, gloria a Dios, a medida que esta mujer comenzó a alimentarse de la Palabra de Dios, comenzó a cambiar de estar desesperada a estar llena de esperanza con respecto a su hijo. Proverbios 11:21 dice: *"Tarde o temprano, el malo será castigado; mas la descendencia de los justos será librada"*.

Esta mujer se había aferrado a la Palabra de Dios con respecto a una promesa para su hijo. Comenzó a hacer a su hijo resistente a Satanás y le recordó a Dios su Palabra, diciendo: "Padre, tú me has prometido que mi simiente será liberada". Déjeme decirle que la Palabra de Dios es *poder transformador*, y ha cambiado por completo el curso de la vida de su hijo.

Esta diligente madre estuvo firme en Proverbios 11:21. Comenzó a meditar en ello, decirlo en voz alta y orarlo. Durante el servicio de testimonios en su iglesia, ella proclamó con valentía: "Sé que Dios va a salvar a mi hijo, y él predicará el evangelio en esta iglesia".

Desde luego, los otros miembros probablemente pensaran: *Pobre mujer engañada. Su hijo siempre va a ser un desastre.* Sin embargo, ella me dijo: "Marilyn, no permití que las miradas sucias me afectaran; tan sólo me aferré a la Palabra de Dios". Ella ha centrado toda su atención en la Palabra de Dios: en su *poder transformador*.

Una noche, a las diez en punto, ella sintió una carga inusual de orar por su hijo. Él hizo una llamada a larga distancia una hora después, preguntando lo que ella había estado haciendo aquella noche entre las diez y las diez y media. Él había vendido drogas de mala calidad a un hombre que había llegado a su apartamento durante esa hora y le había dado una paliza. El hombre había sacado una pistola, con

206 ～ *Guerra Espiritual*

la intención de disparar al hijo de mi amiga, pero siempre que intentaba apretar el gatillo, ¡no podía doblar su dedo! Lo intentó varias veces, pero no pudo hacerlo. Finalmente, había lanzado la pistola y había salido corriendo, diciendo: "¡Tu madre está haciendo algo para evitar que apriete este gatillo!". Imagine, ¡aquel pistolero sabía que la madre de su víctima estaba evitando que él matase a su hijo!

Ella había estado orando la Palabra de Dios por su hijo: el *poder transformador de Dios*. Cuando su hijo llegó a casa, nació de nuevo y fue lleno del Espíritu Santo. Comenzó a asistir a la escuela bíblica y pronto le invitaron a ser el orador invitado en su iglesia.

> **La voluntad de Dios es su Palabra. Es su *poder transformador*, y puede tener un tremendo impacto en su vida, y también en las vidas de sus seres queridos.**

Como ve, ¡sus seres queridos pueden ser transformados! Si ellos viven vidas llenas de desesperanza y desesperación, se debe a que están viviendo fuera de la voluntad de Dios. La voluntad de Dios es su Palabra. Es su *poder transformador*, y puede tener un tremendo impacto en su vida, y también en las vidas de sus seres queridos.

Voy a darle cinco cosas a considerar a medida que comienza a hacer su casa resistente a Satanás mediante el *poder transformador* de Dios: la fe del padre; es tiempo de que nuestros seres queridos se levanten; la fe de la madre; poder para transformar el pasado; y captar la visión de fe para sus seres queridos.

La fe del padre

Primero vamos a ver la fe de los padres: *"Vino, pues, Jesús otra vez a Caná de Galilea, donde había convertido el agua en vino. Y había en Capernaum un oficial del rey, cuyo hijo estaba enfermo"* (Juan 4:46). Ese hombre era un gentil y era muy próspero. Su hijo estaba muy enfermo, y nadie esperaba que el niño viviera. Aunque el noble no era creyente, fue tan movido por la compasión por su hijo que buscó a Jesús y le pidió que sanara al muchacho. Jesús respondió favorablemente a su primera petición, y dijo que el hombre buscaba una señal. Pero cuando el noble volvió a pedirle, Jesús respondió: *"Ve, tu hijo vive"* (versículo 50).

Aquel niño tenía un grave problema, y su padre llevó a su hijo a Jesús, no físicamente sino por la fe. ¿Qué hacen los padres cuando sus hijos tienen problemas? ¿Se ponen nerviosos, comienzan a morderse las uñas y a tirarse del cabello? ¡No! ¿Dicen: "Oh, dejaré que mi esposa maneje a nuestros hijos"? ¡No!

¿Qué sucedió cuando aquel noble llevó a su hijo por la fe a Jesús? Jesús dijo la Palabra, que es el *poder transformador* de Dios, y el muchacho fue milagrosamente sanado. Y no sólo fue sanado el muchacho, ¡toda la familia nació de nuevo! El *poder transformador* de Jesucristo siempre hace más de lo que podemos pedir o pensar. Lo único que tenemos que hacer es aferrarnos a la Palabra de Dios y comenzar a aplicarla a nuestras circunstancias.

Sólo oír a Jesús decir la Palabra aumentó tanto la fe del noble que en lugar de ir corriendo a su casa para ver si su hijo había sido sanado, el hombre siguió con sus negocios y no fue a su casa hasta el día siguiente. Él se aferró a la Palabra de Dios —su *poder transformador*—, y la fe del hombre subió como la espuma a lo sobrenatural. Él tenía la fe descrita en Romanos 10:17: *"Así que la fe es por el oír, y el oír, por la palabra de Dios"*.

Cuando el noble finalmente fue a su casa, sirvientes se apresuraron a encontrarle y dijeron: "¿Sabe lo que sucedió? ¡Su hijo está sano!". El hombre preguntó a los sirvientes cuál había sido la hora exacta en que su hijo había comenzado a recuperarse. Ellos se lo dijeron, y él entendió que fue la misma hora en que Jesús había dicho las palabras de sanidad. Y al igual que el *poder transformador* de Dios obró en esta familia, ¡obrará también en su familia!

Puede que usted piense: *Bien, mis hijos no están enfermos.* Pero quizá sospeche que su hijo o su hija están implicados en drogas, alcohol o sexo ilícito. O quizá tenga evidencia de que sus hijos se han involucrado en el ocultismo. Usted dice: "He hablado con ellos y he hecho todo lo que se me ha ocurrido, pero mis hijos no quieren escucharme". Manténgase firme y escuche cómo trató un hombre un problema parecido.

> *Cuando llegaron al gentío, vino a él [Jesús] un hombre que se arrodilló delante de él, diciendo: Señor, ten misericordia de mi hijo, que es lunático, y padece muchísimo; porque muchas veces cae en el fuego, y muchas en el agua.*
> (Mateo 17:14–15)

Ahora bien, ese muchacho tenía una necesidad espiritual: necesitaba liberación. ¿Qué hizo Jesús cuando fue confrontado con este niño atormentado, que estaba bajo un nivel tan tenso de posesión demoníaca que caía en el fuego y en el agua? ¿Se retiró Jesús de los problemas de ese muchacho? De ninguna manera.

> *Y reprendió Jesús al demonio, el cual salió del muchacho, y éste quedó sano desde aquella hora.* (Mateo 17:18)

Jesús habló la Palabra y cambió por completo las circunstancias del muchacho, y Él hará lo mismo por sus seres queridos. Usted puede marcar la diferencia en las vidas de sus seres queridos si los lleva por la fe a Jesús y recibe su poder transformador para sus situaciones.

Es momento de que
sus seres queridos se levanten

A veces, cuando leemos sobre sanidades o liberaciones, el diablo comienza a jugar con nuestra mente. Nos encontramos pensando: *Sí, puede que Jesús pudiera manejar aquella situación, pero no es tan mala como la mía.* Bien, deje que le muestre algo que eliminará todas sus excusas:

> *Y vino uno de los principales de la sinagoga, llamado Jairo; y luego que le vio, se postró a sus pies, y le rogaba mucho, diciendo: Mi hija está agonizando; ven y pon las manos sobre ella para que sea salva, y vivirá.* (Marcos 5:22–23)

Aquí vemos a un padre llamado Jairo que se acercó a Jesús por causa de su hija, que estaba enferma casi hasta el punto de morir. El nombre *Jairo* significa "él iluminará". Después de su encuentro con Jesús, Jairo ciertamente fue iluminado al poder *transformador* de la Palabra de Dios. Él descubrió que nunca es demasiado tarde para que Jesús cambie las circunstancias negativas.

De camino a sanar a la hija de Jairo, Jesús se detuvo para sanar a una mujer que había tenido hemorragias por doce años. Mientras Jesús estaba hablando con esa mujer, alguien de la casa de Jairo llegó y dijo: *"Tu hija ha muerto; ¿para qué molestas más al Maestro?"* (Marcos 5:35).

Hablando sinceramente, a menos que su ser querido haya muerto y esté usted intentando que resucite, su problema no puede ser tan malo, ¿no? Puedo imaginar la completa desesperanza que debió de haber sentido Jairo cuando oyó que su preciosa hija había muerto. Puede que pensara: *Si no nos hubiéramos detenido para sanar a esa mujer, mi hija podría seguir viva.*

Sin embargo, veamos la reacción de Jesús. ¿Se derrumbó y comenzó a condenarse a sí mismo por no haber llegado a tiempo para salvar a la niña? No, Él comenzó a alentar a aquel padre desesperado, diciendo: "Jairo, sé que esto se ve mal, pero sigue aferrándote al *poder transformador* de Dios".

Cuando estábamos en Amarillo, Texas, como pastores asistentes, participábamos en el ministerio en la cárcel. Cada domingo en la tarde íbamos a predicar a las cárceles; Wally ministraba a los hombres, y yo ministraba a las mujeres. Un domingo en particular, una pareja de la iglesia nos había invitado a cenar. La esposa era una cristiana nueva que estaba comenzando a aferrarse a la Palabra, y su esposo no era cristiano. Sin embargo, él había ido a la iglesia con ella aquel domingo. Aceptamos su invitación pero les dijimos que tendríamos que irnos justo después de la cena para cumplir con nuestra obligación en la cárcel. La esposa entonces preguntó si su esposo y ella podían acompañarnos y vernos ministrar. Pensamos que podría ser extraño que una persona no salva nos acompañara a una reunión en la cárcel, pero el esposo dijo que quería ir, así que les dijimos que por nosotros estaba bien.

La esposa y yo terminamos de ministrar primero, y cuando estábamos sentadas en la sala de espera esperando a Wally y su esposo, ella me dijo: "Marilyn, sé que mi esposo va a ser salvo. La Biblia dice que si yo creo en el Señor, mi casa será salva". Ella se había aferrado a la Palabra de Dios: su poder transformador. Habíamos comenzado a especular sobre las diferentes maneras en que podría llegar la salvación a su esposo cuando entró el capellán de la cárcel y dijo: "¡Tengo buenas noticias! El pastor Hickey acaba de orar con su esposo, y él ha recibido al Señor".

No importa cuándo, dónde o cómo la Palabra de Dios comienza a transformar nuestras situaciones, ¿verdad? ¡Lo único que importa es que la Palabra de Dios obra! ¿Qué sucedió cuando Jesús llego a la casa de Jairo? Era una situación triste: la casa estaba llena de personas que lloraban por su hija. Pero "*Y entrando [Jesús], les dijo: ¿Por qué alborotáis y lloráis? La niña no está muerta, sino duerme*" (Marcos 5:39).

La gente comenzó a reírse de Jesús; pensaban que estaba loco. Pero a Jesús no le importó lo que ellos pensaran; hizo a todos salir de la habitación donde estaba la niña, a excepción de sus tres discípulos, Jairo y su esposa. "*Y tomando la mano de la niña, le dijo: Talita cumi; que traducido es: Niña, a ti te digo, levántate*" (Marcos 5:41).

Jesús estaba diciendo: "Pequeña, es hora de levantarse". ¿No suena eso a Jesús? ¿No es eso lo que Él diría? ¿Recuerda cuando su mamá solía despertarle cuando era usted pequeño? Ella le daba un beso y decía: "Cariño, es hora de levantarse". ¿No era ese el sentimiento más cálido y dulce?

¿Qué hizo la niña cuando Jesús habló el poder transformador de la Palabra de Dios a su espíritu? "*Y luego la niña se levantó y andaba, pues tenía doce años. Y se espantaron grandemente*" (versículo 42).

¡Ella se levantó y comenzó a caminar! Puedo imaginarme las miradas de asombro en las caras de todas aquellas personas que se habían reído de Jesús. ¡Probablemente quedaron en silencio por la conmoción!

> **Aunque sus hijos puedan estar muertos en delitos, pecados y todo tipo de basura, no deben ustedes soltar el *poder transformador* de Dios.**

Padres, pongan su fe en la Palabra de Dios: Jesús. Aunque sus hijos puedan estar muertos en delitos, pecados y todo tipo de basura, no deben ustedes soltar el *poder transformador* de Dios. Aunque sus hijos vivan en su casa con usted o al otro lado del otro, un día Jesús dirá: "Corderito, corderito, es hora de levantarte de tus pecados". ¿Y sabe lo que los pequeños corderos harán? Correcto: se levantarán. Por tanto, asegúrese de hacer a su familia resistente a Satanás y negarse a soltar el *poder transformador* de Dios para sus vidas.

Al igual que Jesús le dijo a aquella niña que se levantara, Dios le está diciendo que es hora de que sus hijos se levanten del estilo de vida de derrota en el cual están operando. Es momento de que sean *transformados* según la maravillosa visión que Dios tiene para ellos. ¿Sabía usted que Dios ha hecho una promesa especial a los padres y madres con respecto a sus hijos? *"El hará volver el corazón de los padres hacia los hijos, y el corazón de los hijos hacia los padres, no sea que yo venga y hiera la tierra con maldición"* (Malaquías 4:6).

Quizá su relación con sus hijos haya estado tensa últimamente, ¡o quizá esté sencillamente "tiroteada"! Tome aliento, porque este es un día de iluminación. Sus hijos no se perderán a pesar de lo que pueda haber sucedido en el pasado. Desde hoy en adelante, madres y padres estamos iluminados, y vamos a aprender a tratar con nuestros hijos.

LA FE DE LA MADRE

Hemos estado viendo la fe del padre; ahora quiero que veamos la fe de la madre. Hay algo único en la fe de de una madre que le permite darles a sus hijos el beneficio de la duda, independientemente de lo mala que pueda parecer la situación. Las madres parecemos estar equipadas con misericordia extra con respecto a nuestros hijos, y podemos creer que, tarde o temprano, ellos van a salir de sus circunstancias.

La madre sirofenicia ciertamente se estiró en fe sobrenatural por causa de su hija que sufría:

> *Saliendo Jesús de allí, se fue a la región de Tiro y de Sidón. Y he aquí una mujer cananea que había salido de aquella región clamaba, diciéndole: ¡Señor, Hijo de David, ten misericordia de mí! Mi hija es gravemente atormentada por un demonio.*
> (Mateo 15:21–22)

La hija de esta mujer estaba poseída por un demonio. Puede que sus hijos no tengan este problema, pero ¿podrían estar *influenciados* por lo que ven en la televisión? ¿Ha supervisado usted alguna vez los programas que a sus hijos les gusta ver? ¿Sabe qué tipo de valores están desarrollando ellos basándose en el estilo de vida inmoral de ciertos personajes retratados en televisión? Involúcrese más con sus hijos para que Satanás no pueda escogerlos como blanco en un campo de tiro. Sus hijos son su fruto, así que asegúrese de que aprendan ser valiosos para ellos mismos y también para otros.

> **Sus hijos son su fruto, así que asegúrese de que aprendan ser valiosos para ellos mismos y también para otros.**

Esta madre desesperada que buscó la ayuda de Jesús dijo que su hija estaba *"gravemente atormentada por un demonio"*. Los espíritus que poseían a esa muchacha le hacían daño, y ella necesitaba ser liberada. El diablo estaba haciendo daño a aquella pobre niña, y sigue haciendo daño a las personas en la actualidad. ¡Vivir un estilo de vida por debajo del que Dios ha destinado para nosotros *hace daño!*

Por tanto, la mujer acudió a Jesús, pero *"Jesús no le respondió palabra. Entonces acercándose sus discípulos, le rogaron, diciendo: Despídela, pues da voces tras nosotros. El respondiendo, dijo: No soy enviado sino a las ovejas perdidas de la casa de Israel"* (Mateo 15:23–24).

Me encanta la tenacidad de esta mujer. Ella podría haberse ofendido fácilmente por Jesús y los discípulos y haberse alejado; pero en cambio, se acercó y comenzó a adorar a Jesús. Dijo: *"¡Señor, socórreme!"* (versículo 25). *"Respondiendo él, dijo: No está bien tomar el pan de los hijos, y echarlo a los perrillos. Y ella dijo: Sí, Señor; pero aun los perrillos comen de las migajas que caen de la mesa de sus amos"* (versículos 26–27).

¡Jesús realmente le llamó perro! Pero ¿se dio la vuelta ella y se fue corriendo a casa llorando? ¡No! ¡Ella estaba decidida a aferrarse a Jesucristo, la Palabra viva —el *poder transformador* de Dios— por su hija! No iba a dejar que nada la detuviera, y obtuvo la victoria para su hija. *"Entonces respondiendo Jesús, dijo: Oh mujer, grande es tu fe; hágase contigo como quieres. Y su hija fue sanada desde aquella hora"* (versículo 28).

Las ofensas son trampas deliberadas que han sido puestas por el diablo, y si usted no tiene mucho cuidado, caerá en una de esas trampas y se perderá su milagro. Quizá la indignación sería la respuesta

natural a alguna situación, pero es elección de usted
si va a operar en lo natural (su vieja naturaleza) o en
lo sobrenatural (su nueva naturaleza). La mujer con
la que Jesús habló *escogió* no ofenderse por el modo
en que Jesús le trató y por la crudeza de sus discípulos; *escogió* no ser ofendida, incluso cuando Jesús
la llamó perro. En cambio, se humilló a sí misma y
dijo: "Señor, si soy un perro, soy tu perro, y quiero
las migajas que caen de tu mesa".

Hace años, un hombre con un maravilloso ministerio de milagros llegó a nuestra iglesia. Él llevaba
realmente una vida consagrada, y ayunaba y oraba
tanto que parecía estar en los huesos. Siempre había muchos milagros cuando él estaba, pero también
había muchas personas que eran ofendidas por él.
Nuestro teléfono en la iglesia no dejaba de sonar con
personas que llamaban para decir: "Él es muy rudo".
Y lo era. Recuerdo que una noche le dijo a una mujer:
"¿Qué está haciendo aquí hoy? Oré por usted anoche.
¡Siéntese!". Ella se bajó de la plataforma y se sentó, y
perdió su milagro. ¿Pero sabe que las personas que
se quedaron allí y se negaron a ser ofendidas experi-
mentaron muchos milagros en sus vidas?

Ahora bien, no me malentienda; no estoy diciendo que aquel hombre tuviera derecho a ser tan ofen-
sivo. Realmente no sé cuál era su problema, pero sí
sé que las personas que se permitieron ser ofendidas
por su cruda personalidad realmente perdieron sus
milagros.

Poder para transformar el pasado

La cuarta cosa que quiero que entienda es
que el *poder transformador* de Dios puede corregir

situaciones que puedan haber resultado de una crianza inadecuada. Seamos sinceros: a pesar de lo buenas que son nuestras intenciones, los padres a veces fomentamos el fracaso en lugar de la fe en nuestros hijos.

Un día, mi hijo Mike me dijo: "Mamá, si papá y tú hubieran puesto en mí la mitad de lo que pusieron en Sarah, yo estaría mucho más adelante". Yo casi respondí a la defensiva: "Bueno, Michael, lo intentamos, pero tú realmente lo estropeaste a veces, y nos resultó muy difícil tratar contigo".

> **El *poder transformador* de Dios puede corregir situaciones que puedan haber resultado de una crianza inadecuada.**

Pero el Señor dijo: "No hagas eso; no estés a la defensiva. Tan sólo admite que lo estropeaste". Por tanto, en lugar de reprender a mi hijo, dije: "Michael, tienes razón; hubo cosas que hicimos mal. ¿Puedes perdonarnos en tu corazón?". Él dijo: "Claro que sí".

Quizá usted haya cometido algunos errores en la educación de sus hijos. Pero ¿acaso se retractará Dios de su palabra sólo porque usted lo haya estropeado? No, porque el *poder transformador* de Dios puede deshacer cualquier error que nosotros hayamos cometido al educar a nuestros hijos. Aunque sin duda no fue intencionado, yo fallé a mi hijo en algunas áreas, pero nunca dejé de amarle. Y sé que Dios va a sostener a Michael a pesar de mis errores.

Hubo un niño nacido en Egipto que, si no hubiera sido por la fe de su madre, nunca había logrado el objetivo de Dios para su vida: *"La que concibió, y dio a luz un hijo; y viéndole que era hermoso, le tuvo escondido tres meses"* (Éxodo 2:2). La palabra hebrea para *"hermoso"* también puede significar "próspero y excelente"; eso es lo que la mamá de aquel niño vio cuando miró su diminuta cara. Todos los bebés son hermosos para sus madres, ¿verdad? Yo nunca he oído decir a una madre: "Tengo el bebé más feo del mundo". ¿Y usted? El bebé puede que tenga grandes orejas o una nariz muy grande, y la mayoría de los recién nacidos tienen un aspecto bastante penoso. Pero, para su mamá, cada bebé es totalmente hermoso.

No culpo nada a Jocabed por negarse a permitir que su hijo muriera debido a una estúpida ley egipcia: *"Entonces Faraón mandó a todo su pueblo, diciendo: Echad al río a todo hijo que nazca, y a toda hija preservad la vida"* (Éxodo 1:22).

Jocabed realmente tenía fe de madre para su bebé. Le ocultó durante tres meses, y entonces le metió en un arca y le puso en los arbustos que estaban cerca del lugar donde se bañaba la hija del faraón. Cuando la hija del faraón encontró al bebé, tuvo compasión de él. Le llamó Moisés —que significa "sacado"—, se lo llevó a casa y le educó como si fuera su propio hijo.

Debido a la fe de su madre, la vida de Moisés fue preservada, y él recibió una elevada educación y tuvo lo mejor de todo. Después de algunas experiencias de aprendizaje realmente serias, Moisés, a los ochenta años de edad, respondió al llamado de Dios en su vida de liberar a los israelitas de Egipto.

Mirando atrás a las circunstancias que rodearon el nacimiento de Moisés, ¿habría usted previsto todo aquello en su futuro? Lo dudo. Pero el poder transformador de Dios cambió por completo la vida de Moisés. Por tanto, en lugar de ser muerto después de nacer o convertirse en la cena para un grupo de cocodrilos hambrientos, Moisés se convirtió en el libertador de Israel.

Cuando comparamos la situación de Moisés con lo que nosotros podemos estar experimentando, podemos decir que no todos los padres cristianos nacieron de nuevo a una temprana edad. Algunos de nosotros pasamos muchos años viviendo estilos de vida de pecado; por tanto, nuestros hijos fueron criados en hogares impíos y puede que hayan tenido vidas difíciles. A pesar de sus comienzos, sin embargo, Dios tiene planes para sus hijos; puede que ellos incluso sean futuros libertadores en el cuerpo de Cristo. Por tanto, deje de sentirse culpable por cualquier error que pueda haber cometido en la crianza de sus hijos. Busque a Dios y arrepiéntase. Después, pida perdón a sus hijos, y permanezca firme en la Palabra de Dios: su *poder transformador* para las vidas de ellos.

Captar la visión de la fe

Lo último que quiero que consideremos es captar la visión de la fe de Dios para sus hijos. Con frecuencia, vemos reflejos de nosotros mismos y de nuestro cónyuge cuando miramos a nuestros hijos. Eso está bien, mientras las características que veamos estén en consonancia con la voluntad de Dios. Sin embargo, ¿qué sucede cuando nosotros o nuestro cónyuge hemos estado involucrados en el consumo de alcohol, la adicción a las drogas u otros

> ## No mire lo que esté sucediendo en lo natural, ¡vea a sus seres queridos por fe!

hábitos destructivos? ¿Qué de sus hijos? ¿Ha captado un destello de la visión de fe de Dios? No mire lo que esté sucediendo en lo natural, ¡vea a sus seres queridos por fe!

Puedo recordar cuando Mike solía acercarse a la iglesia mientras estaba drogado. Era muy penoso. Pero un día, Dios me mostró cómo captar su visión de fe para mi hijo. Yo imaginaba a Mike con una Biblia en sus manos, alabando al Señor; es así como Dios le veía cuando miraba a mi hijo. Entonces, una noche de verano, vi a Mike de pie en la parte trasera de la iglesia con sus manos levantadas en alto; y estaba cantando en lenguas. ¡Gloria a Dios! La visión de fe de Él se había manifestado desde la esfera espiritual a la esfera natural.

Aférrese al *poder transformador* de Dios y comience a ver lo que Dios ve cuando Él mira a su seres queridos. Dios nunca llamó a los creyentes a conformarse, ¿verdad? Estamos aquí para ser *transformadores* a fin de poder sojuzgar la tierra, que es aquello para lo cual Él nos situó aquí en un principio.

Quiero que sepa que estoy orando para que cada uno de ustedes tome autoridad sobre sus circunstancias. Eso es lo que Dios ha destinado para todas las personas: "*Y creó Dios al hombre a su imagen... Y los bendijo Dios, y les dijo: Fructificad y multiplicaos; llenad la tierra, y sojuzgadla*" (Génesis 1:27–28).

Dios no quiere que su familia se convierta en otra estadística en la epidemia del "fracaso de la familia". Si usted toma las precauciones de las que he hablado para guardarse usted mismo y su casa contra los elementos divisorios de Satanás, entonces su familia no cederá ante la fuerza de sus tormentas. Por fe, estoy firme con usted en oración. Dios le ha comisionado para que usted haga resistente a Satanás, y desde este día en adelante, ¡el diablo no tiene oportunidad alguna en su hogar!

Reciba a Jesucristo
como Señor y Salvador de su vida

La Biblia dice:

Que si confesares con tu boca que Jesús es el Señor, y creyeres en tu corazón que Dios le levantó de los muertos, serás salvo. Porque con el corazón se cree para justicia, pero con la boca se confiesa para salvación.
(Romanos 10:9–10)

Para recibir a Jesucristo como Señor y Salvador de su vida, haga sinceramente esta oración desde el corazón:

Querido Jesús:

Creo que tú moriste por mí y que resucitaste al tercer día. Te confieso que soy un pecador y que necesito tu amor y tu perdón. Ven a mi vida, perdona mis pecados y dame vida eterna. Te confieso ahora como mi Señor. ¡Gracias por mi salvación!

Firmado:

_____

Fecha

_____

ACERCA DE LA AUTORA

Como fundadora y presidenta de Marilyn Hickey Ministries, Marilyn está siendo utilizada por Dios para ayudar a cubrir la tierra con la Palabra. Su ministerio de enseñanza de la Biblia tiene alcance vía televisión, satélite, libros, CDs y DVDs, y reuniones de sanidad. Marilyn ha establecido un programa internacional de distribución de Biblias y alimentos, y está comprometida con el ministerio en otros países, llevando con frecuencia el evangelio a personas que nunca antes lo han oído.

El mensaje de aliento de Marilyn a todos los creyentes hace hincapié en el hecho de que hoy puede ser el mejor día de su vida si Jesucristo está viviendo en usted. Además de ministrar, Marilyn es una ocupada esposa, madre de dos hijos adultos, cinco nietos y cuatro bisnietos. Ella y su esposo, Wallace Hickey, son los pastores fundadores de la iglesia Orchard Road Christian Center en Greenwood Village, Colorado.

391-6914
Pastor Angel Quiñones